PUBLICATION DE LA RÉUNION DES OFFICIERS

(Extrait du *Bulletin*)

DÉFENSE
DE LA FRONTIÈRE OCCIDENTALE
DE L'ITALIE

MISE EN RAPPORT AVEC L'ORGANISATION ACTUELLE DES ARMÉES

D'APRÈS L'OUVRAGE DE M. LE CAPITAINE D'ÉTAT-MAJOR

DABORMIDA

PARIS

LIBRAIRIE MILITAIRE DE J. DUMAINE

LIBRAIRE-ÉDITEUR

30, RUE ET PASSAGE DAUPHINE, 30

1878

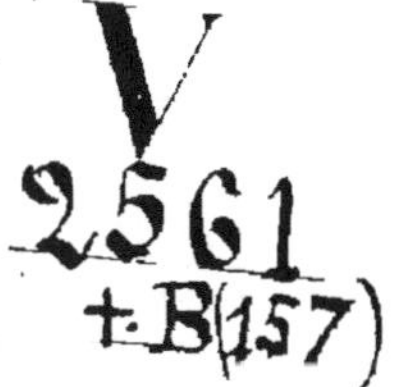

DÉFENSE

DE LA FRONTIÈRE OCCIDENTALE

DE L'ITALIE

1008 — PARIS IMPRIMERIE LALOUX Fils et GUILLOT.

7, rue des Canettes, 7

PUBLICATION DE LA RÉUNION DES OFFICIERS

(Extrait du *Bulletin*)

DÉFENSE
DE LA FRONTIÈRE OCCIDENTALE
DE L'ITALIE

MISE EN RAPPORT AVEC L'ORGANISATION ACTUELLE DES ARMÉES

D'APRÈS L'OUVRAGE DE M. LE CAPITAINE D'ÉTAT-MAJOR

DABORMIDA

PARIS

LIBRAIRIE MILITAIRE DE J. DUMAINE

LIBRAIRE-ÉDITEUR

30, RUE ET PASSAGE DAUPHINE, 30

1878

[illegible]

[illegible]

MÉTAUX

[illegible]

[illegible]

AVERTISSEMENT

L'importance des Alpes occidentales au point de vue français, et le rôle que ce grand obstacle naturel a joué ou pouvait jouer, dans les opérations militaires exécutées d'après les conditions anciennes de la guerre, ont fait depuis longtemps chez nous le sujet de recherches approfondies et d'ouvrages dont quelques-uns, notamment celui de Bourcet, conservent encore une réelle valeur. Il nous a paru intéressant de mettre sous les yeux de nos lecteurs une étude analogue, mais appropriée à l'organisation actuelle des armées, et qui offre cet intérêt particulier qu'elle est faite au point de vue italien et par un officier distingué de l'armée italienne.

Ce sont ces motifs qui nous ont porté à publier dans le Bulletin, sous le titre : *Comment on envisage en Italie la défense des Alpes*, l'analyse complète et détaillée de la brochure de M. le capitaine Dabormida, et qui nous déterminent aujourd'hui à l'offrir à nos camarades réunie en un petit volume.

Nous ne voulons pas discuter la valeur de l'hypothèse que l'auteur a prise pour base de son travail; il nous suffit que ce travail ait un caractère sérieux et instructif pour que nous trouvions utile d'y donner de la publicité.

Nous eussions désiré pouvoir y joindre une carte spéciale propre à faciliter l'intelligence du texte; mais le format de notre publication n'eût pas permis d'établir cette carte à une échelle suffisante pour qu'elle pût donner tous les détails importants de la région étudiée. Nous ne pouvons donc qu'engager nos lecteurs à y suppléer à l'aide des bonnes cartes modernes des Alpes, et notamment de la carte italienne au 1/50000 des États sardes, ou de la carte française au 1/80000 du massif des Alpes, dont une partie a déjà été publiée par notre état-major général.

AU LECTEUR

« La question de savoir quelle part il faut attribuer aux Alpes occidentales dans la défense de notre territoire tient depuis plusieurs années éveillée l'attention du public militaire en Italie.

« Extrêmement disparates au début, les opinions sur ce point se sont peu à peu rapprochées, comme il arrive toujours entre gens uniquement animés de l'amour de la vérité, et elles ont fini par se confondre pour ainsi dire en une seule que l'on peut résumer ainsi en peu de mots :

« *Les Alpes occidentales sont un grand obstacle qui oblige l'envahisseur à s'avancer en plusieurs colonnes séparées, et dont il convient de se servir pour retarder de quelques jours la marche de ces colonnes ; ce retard permettra à l'armée italienne d'accomplir sa propre mobilisation et de se mettre en mesure de pouvoir manœuvrer et combattre dans les plaines du haut Pô, en usant de l'avantage des lignes intérieures contre les colonnes ennemies débouchant de la zone montagneuse.*

« Quelque généralisée que soit aujourd'hui cette opinion, quelque grande que soit l'autorité des hommes qui la partagent, il m'a paru que la formule donnée ci-dessus resserre dans des limites trop étroites l'importance des Alpes, et que le dernier mot n'a pas été dit sur la question. C'est pour cela qu'après mûr examen, je me suis décidé à exposer mes vues dans cet écrit, dans l'espérance de contribuer, en ce qui dépend de moi, à la solution de ce grand problème. »

Turin, 2 novembre 1877.

DÉFENSE

DE LA FRONTIÈRE OCCIDENTALE

DE L'ITALIE

INTRODUCTION

Différentes phases par lesquelles a passé la question de la défense des Alpes.

Sommaire : Importance que donnèrent, dans les siècles passés, les princes de la maison de Savoie à la défense des Alpes occidentales. —Origine de l'opinion qui s'est répandue au commencement de ce siècle sur leur inefficacité défensive. — A leur retour de l'île de Sardaigne, les princes de la maison de Savoie reprennent l'œuvre du barrage des vallées alpines. — Cette œuvre est interrompue par les Guerres de l'Indépendance Italienne et reprise de nouveau après l'occupation de Rome.—Lente réaction contre l'idée de l'inefficacité défensive des Alpes occidentales.—Écrits des généraux Luigi et Carlo Mezzacapo. — Propositions de la commission de défense.—Écrits du général Ricci et du major Perruchetti.—Idées qui prévalent aujourd'hui pour la défense de notre frontière occidentale, basées sur les chances de succès d'une manœuvre par des lignes intérieures dans la haute vallée du Pô.—Mission assignée dans ce système à la barrière alpine.

Dans l'introduction destinée à résumer les phases successives de la question, l'auteur rappelle l'importance qu'attachèrent, dans les siècles passés, à la défense des Alpes occidentales, les princes de la maison de Savoie appelés *les gardiens des Alpes*. Il examine cette opinion accréditée, il y a quelques années encore, à savoir que les Alpes sont un obstacle inefficace pour arrêter un ennemi venant de l'Occident, et que c'est dans les plaines du Pô que l'Italie doit se défendre contre l'envahisseur, et il croit en avoir trouvé l'origine dans la facilité avec laquelle le général Bonaparte franchit cette barrière en 1796 et 1800. Selon lui, si dans la première de ces deux campagnes, Bonaparte réussit à pénétrer si rapidement dans la vallée du Pô, c'est que dans une lutte qui durait déjà depuis trois années, les armées républicaines avaient réussi, au prix de longs et sanglants efforts, à s'établir sur la ligne de faîte des Alpes maritimes et de l'Apennin et lui avaient ainsi préparé la voie. Le fruit était mûr : pour le cueillir il ne fallait que de l'audace et de l'énergie ; il fallait oser s'élancer à travers une issue depuis longtemps ouverte. En ce qui concerne la campagne de 1800, il fait remarquer que la rapidité de la marche de l'armée française, cette rapidité foudroyante passée pour ainsi dire à l'état de légende, se borna à un parcours de 220 kilomètres (dont 120 environ en plaine) accompli en 18 jours, soit à une moyenne de 12 kilomètres par jour, ou de 14 si l'on tient compte de deux jours de retard occasionnés par la résistance du fort de Bard. Si donc cette marche fameuse produisit sur Mélas un effet de surprise, ce ne fut point en raison de sa rapidité absolue, mais parce qu'aucune information exacte ne lui en était parvenue.

Jomini et surtout ses disciples, en tirant des deux passages des Alpes et des opérations de Bonaparte contre les Autrichiens pendant qu'il couvrait le siége de Mantoüe des déductions trop absolues, et en faisant de la manœuvre sur des lignes intérieures une sorte de panacée stratégique, en vinrent à faire prévaloir une nouvelle théorie de la défense des chaînes de montagnes; considérant à tort la défense directe comme comportant nécessairement l'occupation de tous les passages et de tous les cols, et comme équivalant à l'établissement d'un cordon continu, système qui avait été en effet la cause des revers des Piémontais et des Autrichiens, ils se jetèrent dans un système opposé, abandonnèrent entièrement la défense des chaînes et prônèrent la concentration dans la plaine, pour se jeter avec la supériorité du nombre sur les colonnes ennemies débouchant isolément et successivement de la montagne.

A la Restauration, les princes de Savoie, revenus de l'île de Sardaigne reprirent, d'après les vieilles idées, l'œuvre de la défense des Alpes et s'occupèrent de rétablir les anciens forts de barrage (1) ou d'arrêt, la plupart démantelés en vertu du traité de 1796. Les forts de Bard et de Fenestrelle furent augmentés, celui d'Exilles reconstruit. Dans la vallée de la Stura, le fort de Vinadio remplaça celui de Demonte et pour fermer le passage du mont Cenis, resté ouvert après la destruction des ouvrages de la Brunetta, on construisit dans la vallée de l'Arc le fort de l'Esseillon. L'Italie peut se féliciter aujourd'hui de ce retour aux anciennes théories au point de vue du rétablissement de ces forts, qui, sauf celui de l'Esseillon, restent encore en sa possession.

A partir de 1848, le Piémont, devenu le champion de l'indépendance italienne, dut tourner toute son attention du côté de l'est. Tous ses efforts furent concentrés sur les places d'Alexandrie et de Casal, les défenses des Alpes furent négligées et le système défensif de cette chaîne resta incomplet, surtout après que la cession de la Savoie et de Nice eut fait passer entre les mains de la France le fort de l'Esseillon et l'importante position de Saorgio.

(1) *Sbarramento.*

Et cependant dès 1859 les conséquences graves de cette négligence furent signalées par les généraux Luigi et Carlo Mezzacapo dans leurs *Etudes topographiques et stratégiques sur l'Italie.* Déclarant également absurdes le système qui consiste à abandonner la chaîne pour la défendre avec des masses réunies en arrière, et le système en cordon, ils faisaient ressortir les avantages des forts de barrage ou d'avant-garde qui, placés dans les vallées principales et appuyés aux forteresses, retardent la marche de l'ennemi, l'arrêtent dans des régions difficiles et stériles, le forcent à développer des attaques puissantes et à dévoiler ses plans dès le début des opérations.

Leur système, basé, il est vrai, sur la force des armées d'alors, si inférieure à la force des armées actuelles, conserve néanmoins sa valeur en ce qui concerne le mode proposé par eux pour opérer dans chaque échiquier ou secteur montagneux, mode qui peut se résumer ainsi : assigner à chaque échiquier une force défensive proportionnelle à la localité, en détacher une faible partie pour occuper les passages de la chaîne, et tenir le reste réuni sur un point central, d'où il puisse accourir à temps sur des positions antérieurement choisies et préparées, y recueillir les détachements qui s'y replient et y attendre réunis l'attaque de l'ennemi. Sur ces positions, si elles ont été choisies avec intelligence et si elles sont énergiquement défendues, on peut considérablement contrarier les projets de l'ennemi et même les faire échouer.

Les quelques pages consacrées à ce sujet par les généraux Luigi et Carlo Mezzacapo furent peu remarquées, peut-être parce qu'elles étaient pour ainsi dire perdues dans l'étendue de leur travail, et d'autre part parce que personne ne songeait alors à la possibilité d'avoir à défendre notre frontière occidentale, tant l'attention générale était concentrée sur la frontière opposée, où l'étranger campait encore sur le territoire italien. Mais, dès que l'Italie fut constituée dans ses limites actuelles, il était naturel que le problème de la défense nationale fût envisagé en entier et que les yeux se reportassent sur la frontière jusqu'alors négligée.

En 1871, la commission pour la défense générale de l'État présentait au général Ricotti, alors ministre de la guerre, deux projets de défense, l'un complet, l'autre réduit, en raison de la situation des finances. A son tour, le ministre présentait ce second projet au Parlement, en lui faisant subir encore de nouvelles réductions.

C'était le signal d'une révolution dans les idées, relativement à la défense des Alpes. La proposition de compléter la couronne de forts d'arrêt, non-seulement sur la frontière française, mais même sur la frontière autrichienne, qui faisait partie du projet présenté au Parlement, rencontra tout d'abord de nombreux opposants, parmi lesquels ceux qui tiraient des événements de 1870-1871 la preuve de l'inutilité des fortifications ; déduction aussi peu fondée que celle de certains journaux soi-disant utilitaires qui essayèrent de trouver dans ces événements la condamnation manifeste des armées permanentes. A ces adversaires peu sérieux des forts d'arrêt, il s'en joignit un assez grand nombre d'autres parmi les militaires trop convaincus de la vérité de cette maxime que la défense des Alpes est sur le Pô. Cependant peu à peu ceux-ci changèrent d'avis, et l'on peut affirmer aujourd'hui qu'il en reste bien peu, peut-être pas un, parmi les officiers de l'armée italienne, et que sur aucune autre question il n'existe un accord aussi complet que sur celle des forts d'arrêt.

Cette révolution dans l'opinion publique militaire fut puissamment favorisée par la publication des *Aperçus de la défense de l'Italie* en général et de sa frontière nord-ouest en particulier, du colonel, aujourd'hui général, Ricci. Cet ouvrage, qui suscita une controverse aussi vive que savante sur la défense intérieure de l'Italie, et attira sur cette question technique l'attention du pays, offrait plus qu'un intérêt d'actualité. Il n'est pas besoin d'être prophète en effet pour affirmer que tant que durera la situation actuelle politique et militaire de l'Italie, les aperçus du général Ricci seront à consulter par tous ceux qui s'occuperont de la défense du pays. Le problème d'une guerre défensive de l'Italie contre la France y est posé avec une précision jusqu'alors inconnue, et une part importante est rendue aux Alpes dans l'économie de la défense de l'Italie continentale.

Après avoir établi que pour attaquer l'Italie, il faut aujourd'hui une armée de 250 à 300 mille hommes au moins, le général Ricci écrivait : « Quand on étudie attentivement l'o« pération logistique nécessaire pour faire passer une masse « aussi nombreuse de combattants d'un versant à l'autre des « Alpes, on reconnaît que ces Alpes, dont on fait souvent si « bon marché, sont quelque chose de bien difficile à fran« chir, et que seule une véritable aberration pourrait faire « négliger cet élément capital de la défense de l'Italie. »

Il faisait ressortir l'erreur grave de ceux qui continuaient à considérer comme praticable la marche, à travers un seul passage des Alpes, d'une armée de la force des armées de nos jours, ainsi qu'avaient pu l'exécuter, dans le passé, des armées d'un effectif dix fois moindre.

Prenant pour base de son argumentation l'appréciation exacte des exemples historiques et de rigoureux calculs logistiques, le général Ricci évaluait à 50.000 hommes au maximum la force moyenne susceptible de franchir les Alpes occidentales par une route carrossable, dans des conditions telles qu'elle fût prête en débouchant à une action efficace; ce qui équivaut à dire que de toute nécessité l'envahisseur devrait utiliser sinon toutes les grandes voies de communication qui unissent la France et l'Italie, du moins la majeure partie de ces voies. Puis il décrivait avec précision les différentes phases par lesquelles devrait forcément passer l'offensive prise par les Français sur la ligne des Alpes occidentales, et distinguait dans cette offensive les trois périodes suivantes :

1° Traversée des Alpes jusqu'aux débouchés des vallées italiennes ;

2° Occupation de ces débouchés ;

3° Marche au delà des débouchés, en vue d'établir la liaison et l'action commune des envahisseurs.

Étudiant le rôle de la défense dans chacune de ces trois périodes, le général Ricci s'exprimait ainsi touchant la résistance à opposer à l'envahisseur dans l'intérieur des Alpes :

« Il faut, avant tout, créer aux troupes envahissantes, sur les routes qu'elles doivent parcourir, tous les obstacles permanents et éventuels qu'on peut y établir. J'en excepte cependant les mesures qui pourraient devenir préjudiciables à la défense dans ses périodes ultérieures, et notamment celles qui engageraient dans les vallées des corps de première ligne de quelque importance. Quiconque a eu occasion de parcourir les routes ouvertes aux colonnes ennemies, et a présents à l'esprit les enseignements de l'histoire nationale, admettra sans difficulté combien ce premier rôle de la défense peut être fécond en résultats.

« Les forts d'arrêt montrent ici toute leur importance.

« Quant aux propositions relatives aux fortifications à construire (il faisait allusion à celles contenues dans le projet de la commission de défense), elles consisteraient à achever la série de ces forts, c'est-à-dire à en établir dans les vallées qui en sont dépourvues, et je ne puis qu'y applaudir. »

Et plus loin : « L'imitation de ce qu'a fait l'Autriche à propos du Tyrol, en utilisant pour la défense de nos vallées la partie alpine des milices provinciales, me paraîtrait utile sous beaucoup de rapports. »

Abordant ensuite la période dans laquelle l'envahisseur tenterait de s'emparer des positions de débouché, le général Ricci disait :

« La défense devrait, en second lieu, disputer aux têtes de colonnes ennemies les positions qui se trouvent au débouché des vallées, positions qu'il leur est indispensable d'occuper pour permettre aux troupes qui les suivent de déboucher et de se déployer.

« Quiconque a pu examiner et étudier sur les lieux les positions d'Ivrée, Avigliana, Ceva, Carcare et autres semblables, ne fera pas difficulté d'admettre qu'un point d'arrêt opposé là, au débouché de ces colonnes, puisse devenir, sinon d'une manière absolue, du moins éventuellement, un moyen à la fois facile et très-utile de défense. »

Mais ces deux premières périodes de la défense de la frontière nord-ouest n'étaient aux yeux du général Ricci que d'une importance secondaire en regard de la troisième, c'est-à-dire de celle où la défense devra manœuvrer pour empêcher la jonction des différentes masses ennemies qui auraient débouché des Alpes dans la plaine du Pô. Il considérait celle-ci comme la période culminante pour la défense et la plus critique pour l'attaque. Après avoir comparé les conditions respectives de ces masses non encore réunies et de l'armée italienne concentrée et compacte, « quelle est, demandait-il, celle de ces deux situations qui est la meilleure, en supposant des deux côtés même activité, même caractère, même intelligence pour en tirer parti ? » Mais il ajoutait aussitôt cette observation : « lorsque, partant de données positives et incontestables (car le problème qui nous occupe est le mieux déterminé que la stratégie puisse avoir à résoudre), je passe aux conséquences de ce qui a été dit jusqu'ici, conséquences qui sont que l'armée italienne serait en situation de battre son adversaire en détail, je suis loin d'affirmer la certitude de ce résultat. Et cela parce qu'en outre des données plus ou moins positives que l'on peut faire entrer dans le calcul, il en est d'autres qui échappent à toute appréciation matérielle, que l'homme heureusement doué peut seul deviner par intuition, ou déduire d'indices insignifiants pour la plupart, et enfin parce que la fortune, qu'on l'appelle autrement si l'on veut, a eu et aura toujours une part dans les événements humains, et spécialement dans les événements militaires.

Si le général Ricci rencontra des contradicteurs dans les autres parties de son système de défense de l'Italie, contre une agression soit française, soit autrichienne, il n'en trouva pas dans le rôle défensif important qu'il accordait à la barrière alpine. Bien plus, de nouvelles publications ne tardèrent pas à montrer qu'outre les généraux Luigi et Carlo Mezzacapo, d'autres officiers de l'armée italienne attribuaient à la défense active des Alpes une valeur beaucoup plus considérable encore.

Dans une remarquable étude publiée en 1872, par la *Rivista militare italiana*, le capitaine, aujourd'hui major Perruchetti, démontra d'une manière manifeste, la nécessité d'utiliser les Alpes pour retarder l'invasion ennemie, et aussi celle de donner aux populations des vallées alpines une organisation territoriale complète, qui en fît un solide élément de leur défense. Ce n'étaient plus seulement les hommes de la milice locale, comme l'avait proposé le général Ricci, mais bien de vrais corps de première ligne recrutés dans les Alpes, et secondés par la milice correspondante, que le major Perruchetti proposait d'affecter à la défense directe des Alpes. « Si l'on calcule, écrivait-il, la force militaire mobilisable dans chaque vallée alpine, et la proportion de cette force assignée par notre organisation aux troupes provinciales, on voit tout de suite que cette proportion est insuffisante pour les exigences de la défense de chaque vallée.

Il proposait en conséquence d'affecter à la défense directe des Alpes toute la population militaire de la zone alpine, évaluée par lui à 75.000 hommes, tant armée active que milice, et de la former en 25 bataillons permanents et 25 bataillons provinciaux, outre les dépôts nécessaires pour leur alimentation. Ces 50.000 alpins, fortement organisés pourraient, suivant lui, à la première crainte d'invasion, se réunir sur la frontière menacée, partie immédiatement, partie dans un délai de quelques jours, sans apporter le moindre trouble à la mobilisation et à la concentration générale de l'armée.

Laissant pour la garnison des forts d'arrêt le personnel de leurs dépôts, ces 50.000 combattants seraient entièrement disponibles pour les opérations actives. Si l'on y ajoute le nombre convenable de batteries de montagne, quelques escadrons de cavalerie pour le service de correspondance, le personnel nécessaire pour les services administratif et sanitaire, et quelques compagnies de volontaires alpins, recrutées, comme dans le Tyrol, parmi les habitants non assujettis au service militaire, on arrive, d'après les propositions du major Perruchetti, à une force totale de 55.000 et quelques hommes employés dans l'intérieur des Alpes occidentales en cas d'une guerre défensive contre la France. Et cependant le major ne s'en contentait pas d'une manière absolue car il ajoutait :

« Il serait extrêmement profitable pour l'armée qu'à ces exercices faits dans les vallées frontières, par les tirailleurs des Alpes, concourussent aussi d'autres troupes de l'armée active, ainsi que des officiers de l'état-major et du génie, comme on a commencé depuis quelque temps à le faire en Autriche.

« L'année passée, 18 bataillons de chasseurs furent réunis dans le Tyrol et envoyés, si je ne me trompe, sur le Brenner pour y exécuter des exercices de guerre de montagne, rattachés à une conception stratégique.

« Nous pourrions réunir des régiments de bersagliers et de ligne, y joindre de l'artillerie de montagne, que nous laissons trop en magasin, et les envoyer sur nos Alpes. Là, officiers et soldats, instruits par l'exemple historique de difficultés avantageusement surmontées, apprendraient à ne pas considérer comme impossibles beaucoup de choses qui ne le sont pas pour qui veut être digne de vaincre ; nous y ferions quelques expériences de guerre de montagne, etc. »

Il ne paraît pas non plus qu'il songeât seulement à retarder la marche de l'ennemi, assez pour permettre la mobilisation de l'armée, alors qu'il concluait ainsi :

« Qu'on pourvoie donc à la fermeture des passages les plus importants, qu'on étudie, qu'on prépare la défense de tous les défilés alpins, qu'on confie la garde de ces portes de l'Italie à nos montagnards organisés territorialement, et considérant comme un terrain sacré pour la défense de la patrie, toute la zone alpine, qu'on s'efforce par un système de fortifications bien entendu, de faire en sorte que sa valeur défensive-offensive aille toujours en s'améliorant, et surtout qu'on assure, par un bon réseau de voies ferrées, la liaison de cette cuirasse de montagnes avec le corps de l'Italie..... »

Depuis que les écrits du général Ricci et du major Perruchetti ont vu le jour, nos conditions militaires relativement à la barrière alpine se sont notablement améliorées. On a entrepris de compléter le système des forts d'arrêt et institué les compagnies alpines. Les excursions exécutées par les officiers de l'École de guerre et par les élèves de l'Académie militaire ont propagé dans l'armée cet amour pour les **Alpes** qui se développe de plus en plus dans la jeunesse italienne et la pousse à venir se retremper chaque jour plus nombreuse dans le sublime spectacle de cette couronne de montagnes si souvent franchies par les oppresseurs de notre patrie.

Aujourd'hui, nous avons la certitude que des armées étrangères ne les traverseront plus sans résistance, de quelque côté qu'elles viennent. Mais quels seront le degré de la résistance qu'elles rencontreront et le degré de celle qu'il conviendrait de leur opposer pour la sécurité de notre pays? A cette double question, la plupart répondent que la résistance dans l'intérieur des Alpes ne peut avoir d'autre but que de retarder la marche de l'ennemi jusqu'au moment où l'armée italienne, ayant achevé sa mobilisation et sa concentration dans la vallée du Pô, se trouvera en mesure de manœuvrer, par des lignes intérieures, contre les colonnes ennemies qui déboucheront. Cependant beaucoup commencent à croire que les Alpes doivent jouer un rôle plus grand dans la défense de l'Italie, croyance affermie chez eux par ces paroles augustes du roi, qui les a qualifiées de boulevards merveilleux concédés par la Providence à notre pays... Ils pensent que si cette barrière était trop étendue avec les petites armées du passé, pour se prêter à une défense directe, sans tomber dans le funeste système de cordon, elle n'est plus disproportionnée pour les gros effectifs des armées d'aujourd'hui, et ils en considèrent la défense comme le moyen le plus efficace, le moins subordonné à des éventualités qu'on ne peut calculer, de sauvegarder le territoire **italien contre les forces supérieures de son voisin d'occident.**

CHAPITRE PREMIER

La manœuvre par les lignes intérieures avec les armées de nos jours.

SOMMAIRE: Importance qu'il y a pour nous, dans le système qui prévaut aujourd'hui pour la défense de notre frontière occidentale, à établir quelles sont les conditions de la manœuvre par des lignes intérieures en général.—Examen des principales manœuvres par des lignes intérieures exécutées, depuis les guerres de la Révolution française jusqu'à la chute de Napoléon Ier.—Après les exemples des trois dernières campagnes de Napoléon Ier, le général Jomini est contraint de modifier son opinion sur la valeur absolue de la manœuvre par des lignes intérieures.—L'emploi du télégraphe électrique à la guerre change les conditions de la manœuvre par des lignes intérieures.—Observations sur la campagne de Bohême de 1866.—Conditions générales de la manœuvre par des lignes intérieures déduites des exemples historiques examinés.

L'introduction du livre de M. le capitaine Dabormida, que nous avons traduite presque intégralement, nous a montré les phases successives par lesquelles la question de la défense des Alpes a passé depuis ces dernières années en Italie, et l'opinion qui paraît y prévaloir aujourd'hui sur ce sujet. Avant d'aller plus loin, disons tout de suite quel est le plan adopté par l'auteur et quelles sont les divisions de son travail.

Des quatre chapitres que celui-ci comprend, le premier est consacré à l'examen de la manœuvre stratégique par les lignes intérieures, telle qu'elle peut être exécutée par les armées actuelles ; le second à la défense de la zone alpine, considérée comme *élément secondaire et préliminaire* de la manœuvre par les lignes intérieures dans la plaine ; le troisième à la résistance dans la zone alpine, considérée comme *élément capital* de la défense de la frontière occidentale ;

enfin le quatrième à l'étude de cette frontière et à son mode de défense.

Malgré l'intérêt que présente le premier chapitre au point de vue historique et stratégique, comme les exemples qu'il cite et les principes qu'il expose sont familiers à presque tous nos lecteurs, nous nous contenterons d'en faire une analyse rapide, ne voulant pas étendre outre mesure notre compte rendu, et préférant nous réserver pour les trois derniers chapitres, qui ont plus directement trait au problème dont l'auteur recherche la solution.

Après quelques considérations préliminaires, l'auteur aborde l'examen critique de la première période de la campagne de 1796 en Italie, et nous en donne un exposé sommaire dans lequel, tout en rendant hommage au génie et aux habiles manœuvres de Bonaparte contre les Austro-Sardes, il s'efforce, par la discussion des effectifs, de la situation et de la valeur morale des deux armées en présence, de substituer la vérité à ce qu'il appelle la légende. Nous ne le suivrons pas sur ce terrain, devenu classique pour tous les militaires, et nous nous bornerons à reproduire ses conclusions,

En tout cas, dit-il, les opérations du général Bonaparte en avril 1796 sont une preuve éclatante des résultats que peut procurer l'habile et énergique emploi de la manœuvre par les lignes intérieures, dans un pays de montagnes et lorsque les dispositions du terrain s'y prêtent. Mais pour ramener à leur juste valeur les déductions à tirer de cet exemple, il convient de tenir compte des points ci-après :

1° Il y avait entre les chefs des deux armées opposées une disproportion de génie et d'énergie telle qu'il ne s'en était peut-être jamais rencontré dans le passé et qu'il s'en rencontrera difficilement dans l'avenir.

2° Les troupes françaises, recrutées parmi les citoyens

valides, en exécution de la levée en masse des jeunes gens de 20 à 25 ans décrétée en 1793, étaient composées d'hommes qui à la vigueur de la jeunesse joignaient l'expérience de la guerre acquise dans les campagnes précédentes, tandis que les troupes autro-sardes se composaient en grande partie de mercenaires, parmi lesquels abondaient des éléments physiquement et moralement inférieurs.

3° La tendance des alliés à se séparer aussitôt qu'ils virent menacées leurs capitales respectives, Turin et Milan, favorisa particulièrement la manœuvre du général Bonaparte.

4° En dernier lieu, les forces engagées, d'une part comme de l'autre, ne dépassaient pas l'effectif d'un corps d'armée de nos jours, et l'armée française, à qui sa pénurie ne permettait pas de faire suivre ses colonnes par des convois d'approvisionnements, jouissait d'une mobilité bien supérieure à celle des armées actuelles, que leur effectif au moins décuple oblige à marcher avec d'immenses trains.

Dans la seconde période de cette même campagne, celle qui eut pour théâtre les vallées de la Chiese et du Mincio, et qui se termina par la défaite des troupes de Wurmser et de Quasdanovitch, successivement battues par leur ennemi concentré, M. Dabormida attribue les succès de Bonaparte encore plus aux fautes commises par les généraux autrichiens qu'à l'habileté de ses propres manœuvres.

Les opérations du mois de septembre, la bataille de Bassano et la destruction presque complète de l'armée de Wurmser, lui fournissent l'occasion de signaler de nouveau le décousu des manœuvres de l'armée autrichienne, et il ajoute que le général qui la commandait agit exactement comme s'il voulait faciliter les desseins de son adversaire au lieu de les combattre.

La tentative d'Alvinzy, au mois de novembre, pour débloquer Mantoue fut plus rationnelle ; les deux masses

autrichiennes venant, l'une du Frioul, l'autre par la vallée
de l'Adige, cherchèrent d'abord à se réunir avant de prendre
l'offensive, et la position centrale du général Bonaparte ne
lui aurait pas servi à grand'chose si, dans la suite des opérations, l'accord n'eût totalement fait défaut à ses adversaires, et si les Français n'eussent trouvé un puissant appui
dans les positions successives que les montagnes de la vallée
de l'Adige leur offrirent.

C'est cette configuration du pays qui, retardant les progrès des Autrichiens dans cette vallée, donna aux Français
le temps de transporter l'action dans les marais d'Arcole et
d'y livrer cette bataille de trois jours qui trompa Alvinzy et
le détermina à la retraite. Les préoccupations constantes du
général Bonaparte pendant les deux premières journées, et
le soin qu'il prit de retirer chaque soir ses troupes sur la
rive droite, montrent clairement qu'il ne se faisait aucune
illusion sur le danger qu'il courait de voir sa position intérieure transformée en position enveloppée, et il est certain
qu'il n'eût jamais tenté une pareille manœuvre par des
lignes intérieures s'il n'avait pas mis sa confiance dans la
force de résistance des positions montagneuses de l'Adige.

Dans la quatrième tentative des Autrichiens pour débloquer Mantoue, ils se prêtèrent de nouveau et comme à plai-
sir à la réussite de la manœuvre de Bonaparte exécutée par
des lignes intérieures ; car Provera fut poussé de la Brenta
sur Mantoue avant qu'Alvinzy se fût emparé du débouché de
la vallée de l'Adige.

En résumé on peut dire que pendant toute la campagne
de 1796, l'emploi de la manœuvre par des lignes intérieures
fut favorisé par des circonstances exceptionnelles. Si ce n'est
le principe, l'application du moins en était nouvelle, car les
manœuvres de ce genre exécutées par Frédéric II n'offrent que
bien peu d'analogie avec celles du général Bonaparte, dont

la rapidité déjoua tous les plans des états-majors autrichiens et fit crouler l'édifice laborieusement échafaudé de leurs conceptions stratégiques. Qu'une armée commandée par un chef de génie, composée de troupes d'une qualité supérieure, d'un effectif restreint et par cela même très-mobile et susceptible de vivre presque partout sur le pays, opérant sur un terrain aussi favorable à ses mouvements et à sa concentration qu'il l'était peu à la concentration de l'adversaire, ait pu se jeter en masse sur les forces ennemies, divisées et pour ainsi dire immobiles, et qu'elle en ait triomphé, il n'y a rien là qui doive nous surprendre. Mais ce ne sont pas les vrais termes de la question. Cette rapidité de mouvements, qui fut le trait caractéristique des manœuvres de Bonaparte était réalisable avec l'armée peu nombreuse qu'il commandait; elle ne le serait plus avec des masses plus considérables.

La manœuvre opérée, la même année, par l'archiduc Charles contre les armées de Jourdan et de Moreau en Allemagne s'exécuta sur un théâtre plus vaste et dans des conditions très-différentes. Elle eut toutefois avec celles que nous venons de citer ceci de commun que l'adversaire ne fit rien de ce qu'il fallait pour la déjouer. Exclusivement attachés à l'observation du plan de campagne que Carnot avait assigné à chacun d'eux, les généraux français suivirent deux lignes divergentes, l'un vers la Bohême, l'autre vers la Bavière, sans se préoccuper de se relier et de se soutenir mutuellement, et cette divergence de plus en plus accentuée permit seule à l'archiduc de se jeter entre ses deux adversaires et de les vaincre successivement. Il est douteux, après les exemples des guerres de l'Empire, qu'un pareil fait puisse se représenter.

L'auteur cite encore les opérations effectuées vers la fin de l'année 1799, au pied des Alpes, par le général Mélas contre Championnet, lesquelles ont été souvent mises en avant comme une preuve des facilités que présente la frontière occidentale de l'Italie pour l'exécution des manœuvres par des lignes intérieures. Il n'a pas de peine à démontrer que cette analogie est plus apparente que réelle. Si, dans cette circonstance, Mélas réussit à battre successivement les colonnes françaises qui avaient débouché des différents défilés des Alpes dans la plaine, en vue de se réunir près de Saluces, c'est qu'il disposait de trente mille hommes contre vingt mille. Si les Français eussent été à égalité de forces, il est possible que les choses eussent tourné tout autrement.

Les faits historiques qui précèdent sont tous empruntés aux guerres de la Révolution. Pour trouver des exemples plus récents de manœuvres par les lignes intérieures, manœuvres qui avaient été abandonnées pendant les premières campagnes de l'Empire, il faut arriver à 1813. M. Dabormida examine et discute les raisons qui amenèrent Napoléon à en faire de nouveau usage contre les armées coalisées, et il montre comment cette tentative fut déjouée par le plan habilement conçu de ses adversaires. On sait que celui-ci consistait à se dérober aux attaques de l'empereur et de ses réserves, à combattre ses lieutenants, à les forcer à se replier et à resserrer de plus en plus le théâtre des opérations, jusqu'à ce que la position des Français fût devenue une position *enveloppée*. La victoire de Dresde ne suspendit que peu de temps les succès des alliés. L'empereur essaya, à plusieurs reprises, mais inutilement, de se jeter avec ses réserves sur l'une ou l'autre des armées ennemies qui le pressaient; la rapidité des mouvements, cette condition indispensable pour la réussite de la manœuvre par les lignes intérieures, n'était plus possible avec des masses de plusieurs centaines de mille hommes. Personnellement vainqueur à Dresde, il voyait peu après ses lieutenants battus à Kulm, à Gross-Beeren, sur la Bober et à Dennevitz, et d'échec en échec, il était acculé à Leipzig et forcé d'y livrer aux armées coalisées réunies une bataille qui fut un désastre. Contrairement à la campagne de 1796, la campagne de 1813 présente avec les conditions de la guerre actuelle une analogie qu'on ne saurait contester, et cet exemple doit faire réfléchir ceux qui, s'appuyant uniquement sur la première, en font un argument absolu en faveur de la manœuvre par les lignes intérieures.

Les événements de 1814 sont encore plus concluants, car l'issue, suivant le cas, heureuse ou malheureuse de cette manœuvre, qui y fut si souvent employée, fait ressortir avec évidence les conditions indispensables pour sa réussite. Agissant séparément dans les vallées de la Marne et de la Seine, les armées de Blücher et de Schwarzenberg éprouvent d'abord des échecs sérieux ; réunies, elles résistent avec succès à Méry ; séparées de nouveau, elles perdent tous leurs avantages, et Blücher, s'il n'avait réussi à surprendre le passage de l'Aisne, était voué à la destruction. Instruits par leurs défaites, les alliés, à partir de ce moment, ne s'exposent plus dispersés aux coups de leur terrible adversaire, et celui-ci, désespérant de les arrêter de front, conçoit un instant la pensée de se jeter sur leurs derrières et d'aller s'appuyer aux places de l'Est.

M. Dabormida ne nous paraît pas juste à l'égard de Napoléon, alors qu'il dit que toutes ses conceptions, pendant cette campagne, portent le cachet du désespoir et qu'elles ne lui étaient inspirées que par le désir de *succomber grandement*. Sans doute il devait se faire peu d'illusions sur l'issue définitive de la guerre engagée entre la France et l'Europe, et pour nous qui jugeons les événements après coup, il est facile de dire que sa perte était inévitable ; mais en était-il de même alors, et les premiers triomphes de l'empereur sur les alliés n'étaient-ils pas suffisants pour l'engager à continuer la lutte. Pour un homme de ce génie toutes les chances étaient-elles épuisées? Qui pourrait dire ce qui serait advenu, par exemple, si la capitulation de Soissons n'eût permis à Blücher, reculant en désordre, de se réfugier derrière l'Aisne et de se réunir aux Russes de Bulow et de Winzingerode?

En 1815, aux débuts de la campagne, Napoléon obtint encore quelques succès par l'emploi de sa méthode favorite et réussit par surprise à battre isolément l'armée prussienne à Ligny; mais il ne parvint pas à empêcher Blücher de rejoindre Wellington et cette jonction amena l'issue fatale de la bataille de Waterloo.

Après trois campagnes consécutives dans lesquelles la manœuvre par les lignes intérieures, exécutée par un homme de guerre tel que Napoléon, s'était montrée impuissante contre la conduite méthodique de ses adversaires, il se produisit naturellement une réaction. L'issue des campagnes de 1814 et 1815 pouvait, à la rigueur, s'expliquer par la disproportion des forces, mais il n'en était pas de même de celle de 1813. Aussi plusieurs écrivains militaires, particulièrement en Allemagne, entreprirent-ils de combattre les maximes trop absolues du général Jomini. Celui-ci chercha à les défendre dans un ouvrage qu'il publia en 1830, sous le titre de : *Observations sur les lignes d'opération et sur différents ouvrages qui ont combattu les principes développés dans le chapitre* xiv *du « Traité des grandes opérations militaires. »* Jomini, tout en s'efforçant d'établir que les revers de Napoléon, en 1813, étaient dus à ses fautes et à son infériorité numérique, laissait toutefois échapper cet aveu significatif qui lui était arraché par l'évidence des faits.

« J'avouerai que le système des lignes centrales avec cent mille hommes contre trois corps de trente-trois mille est plus avantageux qu'avec quatre cent mille contre trois grandes armées de cent cinquante mille combattants, parce qu'il est très-difficile, un jour de bataille, de mettre en action plus de forces que chacune de ces dernières, et qu'on peut tout entreprendre avec elles lorsqu'on a la certitude d'être promptement soutenu par deux masses de la même force.»

Depuis que ces lignes ont été écrites, l'invention du télé graphe électrique a apporté dans la question un élément nouveau qui en modifie notablement les conditions. L'avantage que procurait la manœuvre par les lignes intérieures à celui qui en faisait usage, de pouvoir facilement, et au jour le jour, se tenir au courant de la situation générale et prendre des mesures en conséquence, cet avantage, refusé à l'adversaire, a disparu, ou du moins il n'est plus le privilége d'un des deux partis. Tous les deux, qu'ils opèrent par des lignes extérieures ou intérieures, sont aujourd'hui à cet égard sur le même pied.

La campagne de Bohême de 1866 est la dernière à laquelle M. Dabormida emprunte des arguments. Après avoir brièvement exposé la situation respective des armées prussienne et autrichienne, il rappelle comment la première fut amenée à prendre l'offensive avec deux masses séparées, partant l'une de la Silésie, l'autre de la Lusace, tandis que l'armée autrichienne tout entière se concentrait en Bohême et que son chef, le général Bénédek, s'apprêtait à user de sa position centrale pour tomber successivement et avec toutes ses forces sur chacun de ses aversaires. On sait comment ce plan échoua et aboutit à la catastrophe de Sadova. D'une part, l'état-major général prussien ne perdit pas un instant de vue le danger auquel, pendant leur marche convergente, pouvaient être exposées ses deux armées, et il ne négligea rien pour assurer leur réunion en temps utile et sur un point rapproché ; le télégraphe lui rendit à cet égard d'importants services, en lui permettant de transmettre de Berlin, et immédiatement, aux deux généraux, des renseignements précieux sur les forces, les positions et les mouvements de l'ennemi. D'autre part, à deux reprises différentes, la première fois en se transportant de Moravie en Bohême, la seconde fois dans la marche sur Königgratz, les Autrichiens éprouvèrent de telles difficultés à faire mouvoir leurs immenses colonnes sur un espace de plus en plus resserré, que le plus grand désordre et la plus grande confusion en furent la conséquence, et qu'avant même d'avoir livré aucune bataille décisive, leur général en chef, prévoyant un désastre inévitable, était réduit à télégraphier à l'empereur *de faire la paix à tout prix.*

On combattit néanmoins pour l'honneur des armes, mais bien loin de pouvoir lutter avec la supériorité du nombre contre deux adversaires séparés, les Autrichiens se virent assaillis de front par le prince Frédéric-Charles et peu après en flanc par le prince royal, dans des conditions qui rappellent celles où Napoléon se trouva à Leipzig et à Waterloo.

On commettrait une erreur grave si l'on tirait, des exemples historiques que nous avons examinés, une conclusion favorable à l'emploi de masses séparées dans l'état actuel de l'art de la guerre. Quelles que soient les modifications que celui-ci a subies et celles qu'il peut subir encore, il conserve et conservera toujours comme base fondamentale ce principe : la victoire appartient à celui qui sait faire entrer convenablement en action des forces supérieures à celles de l'ennemi, au moment et sur le point décisif. Celui qui opère par des lignes intérieures a, jusqu'à un certain point, plus de facilité pour résoudre ce problème ; mais si celui qui opère par les lignes extérieures réussit, sans essuyer d'échec décisif, à rapprocher suffisamment ses masses pour les faire entrer simultanément en ac-

tion, la position intérieure de son adversaire se transforme
en position enveloppée, tandis qu'il se réserve à lui-même
la possibilité d'engager ses propres forces de la manière la
plus avantageuse, en raison du plus grand espace dont il
dispose, et qu'il peut en outre dans la plupart des cas, menacer la retraite de son adversaire ou même la lui fermer
complétement.

Avec les petites armées qui peuvent vivre presque entièrement sur le pays, l'enveloppement ne se produit guère que
lorsque l'enveloppé est contraint de faire front de divers côtés
pour combattre. Mais avec les armées considérables les conséquences de l'enveloppement se font sentir bien plus tôt, à
cause de la plus grande complication de leur mécanisme et
de l'importance croissante des exigences logistiques. Le désordre qui s'introduisit dans l'armée de Napoléon avant
Leipzig, et dans celle de Bénédek avant Sadova, en est la
preuve manifeste. C'est ce qui fait que des théâtres de guerre
favorables à la manœuvre de petites masses par des lignes
intérieures ne le sont plus pour des masses plus fortes, et en
thèse générale on peut dire, ainsi qu'a dû le reconnaître
Jomini lui-même, que cette manœuvre est plus appropriée
aux armées d'un faible effectif et facilement maniables,
qu'aux grandes armées de nos jours.

Il convient d'ajouter que la réussite de toute manœuvre
par des lignes intérieures nécessite la surprise. On pourrait
facilement le démontrer par des exemples historiques, mais
on le peut aussi faire par le raisonnement. Si deux armées,
l'une occupant une position centrale, l'autre divisée en plusieurs masses extérieures, se trouvent en présence, et que le
chef de cette dernière vienne à soupçonner ou à apprendre
d'une manière quelconque que son adversaire médite de
tomber avec ses forces réunies sur ces masses séparées,
n'est-il pas évident que le plus simple bon sens, la pru-

dence la plus élémentaire lui ordonnera de concentrer son armée et de prescrire aux chefs qui en commandent les diverses parties d'éviter tout engagement contre des forces supérieures. L'adversaire, au contraire, qui a mis le gros de ses forces en mouvement, ne pourra obtenir de succès décisif, et si le rideau qu'il a laissé pour dérober son opération est insuffisant pour contenir les troupes qui lui font face, il risquera de se voir enveloppé et d'éprouver des échecs partiels d'une conséquence grave pour l'issue de la campagne. C'est ce qui s'est passé en Saxe en 1813 et en Bohême en 1866.

Telle est, croyons-nous, la vérité absolue, mais on doit reconnaître que les conditions spéciales du théâtre de la guerre peuvent modifier notablement les conditions de la lutte. Ainsi, lorsque celui qui manœuvre par des lignes intérieures se trouve à cheval sur une grande ligne fluviale ou sur une chaîne de montagnes dont il possède les points de passage et les défilés, il est certain qu'avec peu de troupes il pourra arrêter assez longtemps la marche offensive d'une ou plusieurs masses ennemies, pour pouvoir lui-même diriger le gros de ses forces sur l'objectif qu'il a choisi et forcer son adversaire à recevoir la bataille. De même cette manœuvre a de grandes chances de réussite pour celui qui l'exécute en s'appuyant sur un réseau de places fortes que l'ennemi ne peut traverser sans les assiéger, ou tout au moins sans les masquer. C'est cette dernière circonstance qui facilita à l'archiduc Albert, en 1866, ses opérations contre l'armée italienne, dont les masses étaient séparées entre elles par le Pô et l'Adige et aussi par les places du quadrilatère.

D'autre part, l'action de celui qui opère par des lignes extérieures, en vue de resserrer de plus en plus son adversaire, est singulièrement facilitée lorsqu'il peut s'appuyer sur de grands obstacles naturels ou artificiels. Chacune de ses masses en effet, en se repliant sur ces obstacles quand elle se voit menacée par le gros de l'ennemi, peut résister avec avantage à celui-ci et éviter son choc sans trop reculer, ce qui rend possible l'enveloppement, ce but final de la manœuvre. Ainsi usèrent, en 1813, le prince de Schwarzenberg de l'Erz-Gebirge, en 1814, le maréchal Blücher des positions de Craonne et de Laon ; ainsi aurait probablement usé en 1866, des montagnes du comté de Glatz le prince royal de Prusse, si Benedek se fût jeté sur lui dans les derniers jours du mois de juin.

La principale difficulté pour celui qui manœuvre par des lignes intérieures c'est de savoir choisir la direction à donner à la masse de ses forces et le moment opportun pour engager une action décisive. Elle est moindre lorsqu'il a l'initiative stratégique comme l'avait Napoléon en 1815 ; elle est beaucoup plns grande dans le cas de la contre-offensive, qui est le plus général.

Pour celui qui manœuvre par les lignes extérieures, le point capital est de savoir discerner à temps quelles sont celles de ses masses qu'il doit pousser résolûment en avant, quelles sont celles, au contraire, qu'il doit arrêter et replier pour arrêter le choc du gros ennemi. Cette difficulté cependant a été presque toujours vaincue avec de grosses armées, même avant l'invention du télégraphe électrique ; et en effet s'il est difficile à un corps de quinze à vingt mille hommes, engagé contre des forces supérieures, de se retirer du combat, il n'en est pas de même pour une armée de cent mille hommes et plus, à qui il faut plusieurs heures pour s'engager à fond et qui peut se retirer toujours de la lutte au prix de quelques sacrifices si elle n'y voit pas des chances de succès.

Un des rares exemples de batailles engagées dans ces dernières conditions, c'est la bataille de Dresde. Mais on sait que si elle fut acceptée par les alliés, malgré la présence de Napoléon et de ses réserves, ce fut par suite du peu d'accord qui régnait entre les chefs de leurs armées et du manque d'unité dans le commandement. Elle n'eut d'ailleurs pas de résultats décisifs et n'empêcha pas Schwarzenberg de battre le corps de Vandamme à Kulm, de même que les échecs de Blücher en 1814 sur la Marne, et en 1815 à Ligny, ne l'empêchèrent pas de poursuivre ses opérations.

En résumé donc, sans nous laisser aveugler par les résultats prodigieux que tira Napoléon de la manœuvre par des lignes intérieures dans quelques-unes de ses campagnes, sans méconnaître, d'autre part, qu'étant données certaines fautes de l'adversaire, certaines conditions favorables de terrain, de force, de talent de la part du chef, elle ne puisse procurer de grands avantages, nous admettrons, d'après les leçons de l'histoire, comme d'après le raisonnement, qu'elle peut facilement conduire à des catastrophes comme celles de Leipzig, de Waterloo et de Sadova, qui abattent les nations les plus fortement constituées.

Qu'elle soit indiquée ou même imposée à l'une des deux armées adverses par la configuration du théâtre de la guerre, par les objectifs qu'on veut atteindre, ou par la distribution initiale des forces, comme dans la seconde période de la campagne de 1796, dans la campagne de Saxe en 1813, dans celle de Bohême en 1866, ou bien qu'elle soit seulement rendue possible par la situation, comme dans la première période de la campagne de 1796 en Italie, ou comme dans celles de 1814 et 1815, elle n'en constitue pas moins en tous cas une arme dangereuse, d'un maniement difficile et qui exige qu'on ne néglige aucun des éléments propres à en rendre l'emploi efficace.

CHAPITRE II

La défense de la zone alpine, considérée comme élément secondaire et préliminaire de la manœuvre par les lignes intérieures, dans la plaine.

SOMMAIRE : Examen des conditions particulières de la manœuvre par des lignes intérieures qui serait exécutée par l'armée italienne, en deçà des Alpes occidentales, après l'abandon de la zone alpine. — Marche générale des opérations de l'invasion telle qu'elle est commandée par la structure topographique de la frontière, par le réseau des chemins de fer français, et par les moyens maritimes de la France. — Caractère des positions de débouché des Alpes occidentales et de celles des Apennins ligures. — Examen du degré de probabilité qu'il y a à ce que les différentes colonnes de l'envahisseur opèrent isolément leur débouché dans la plaine. — Accord que l'emploi du télégraphe électrique permet d'établir entre les opérations des diverses masses ennemies opérant dans la plaine. — Proportion probable des forces au moment de la crise. — Étendue et conditions topographiques de la zone ou s'exécuterait la manœuvre par des lignes intérieures. — Rapports de ce champ de manœuvres avec le théâtre général de la guerre. — Discussion des différentes hypothèses relatives à la marche de la manœuvre opérée par la défense suivant des lignes intérieures. — Faible probabilité de succès pour cette manœuvre.

Après avoir cherché à déduire de nombreux exemples historiques quels sont les caractères de la manœuvre par les lignes intérieures en général, M. Dabormida examine les conditions suivant lesquelles se développerait une semblable manœuvre, dans le cas particulier d'une guerre défensive que l'Italie aurait à soutenir contre la France, en admettant que la défense ne considère la barrière alpine que comme un moyen de retarder la marche de l'envahisseur et de permettre à l'armée italienne de se concentrer dans les plaines du haut Pô. Il suppose la guerre *localisée*, suivant l'expression en usage, c'est-à-dire l'Italie ne pouvant compter que sur ses seules forces, hypothèse à laquelle cette puissan ₊₊ doit se mettre en mesure de faire face, si elle veut pouvoir se dire indépendante de fait et non pas seulement de nom.

Pour se rendre, dit-il, un compte exact des conditions dans lesquelles s'engagerait la lutte en deçà de la barrière alpine, il faut d'abord suivre pas à pas la marche probable des opérations de l'armée d'invasion jusqu'au moment où elle pourra commencer à agir dans la plaine. Dans cet examen, nous supposons achevé le système projeté des forts d'arrêt dans les Alpes occidentales.

Les forces que la France peut, dès le début, employer contre l'Italie sont limitées à la quantité de troupes qu'elle peut d'un premier élan jeter sur notre territoire, soit à travers les Alpes, soit par mer. Alors seulement que ces forces auraient réussi à s'emparer des débouchés des Alpes, la France pourrait renforcer successivement son armée et jeter dans la balance tout le poids de sa grande puissance militaire.

Si l'on admet, comme on le fait généralement, que chacune des six voies carrossables qui conduisent de France en Italie puisse, en moyenne et dès le début, livrer passage à 50.000 hommes environ, et si, comme il résulte de sérieuses études sur la matière, on admet, d'autre part, que leurs moyens de transport maritimes permettent à nos voisins d'Occident de jeter simultanément 60.000 hommes sur nos côtes, on arrive à cette conclusion que les forces françaises contre lesquelles, dès le commencement, nous aurions à lutter atteindraient le chiffre de 360.000 hommes. Quelques milliers d'hommes pourraient en outre être lancés par l'envahisseur sur les routes secondaires des Alpes ; mais l'état d'abandon dans lequel celles-ci sont tombées depuis la construction des grandes voies carrossables permet, jusqu'à un certain point, de négliger cette augmentation de forces.

Dans l'état actuel de son organisation militaire, l'Italie, sa propre mobilisation une fois achevée, pourrait opposer à cette invasion ses 300.000 hommes de première ligne, renforcés, mais seulement dans la suite, par les troupes de sa milice. Ces 300.000 hommes ne pourraient toutefois être immédiatement tous réunis sur notre frontière de terre. La vulnérabilité des côtes italiennes et l'infériorité de notre marine militaire, infériorité qui, même au prix d'énormes sacrifices, ne pourrait disparaître qu'après de longues années, nous obligeraient à affecter à la défense de nos côtes péninsulaires et insulaires une force active au moins égale à celle qu'à l'aide de leurs transports les Français pourraient y débarquer à la fois. On peut donc conclure que le maximum des forces de première ligne que l'Italie pourrait, dès le principe, concentrer sur sa frontière terrestre occidentale ne dépasserait pas 240.000 hommes. D'autre part, les facilités qu'offre la rivière du Ponant pour de grosses opérations de débarquement permettraient à la France d'y jeter ses troupes embarquées après avoir tenu notre attention en suspens sur toute la longueur de notre littoral si étendu. Et ces troupes, débarquées à peu de distance du théâtre d'opérations des troupes opérant sur la frontière de terre, pourraient entrer en action de concert avec elles avant que nos forces, éparpillées dans la partie péninsulaire de notre territoire, eussent eu le temps de remonter vers le nord, si ce n'est par fractions, à cause de la liaison défectueuse entre les voies ferrées de la Péninsule et celles de la vallée du Pô.

De tout cela il résulte que l'Italie, tant que durera son organisation militaire actuelle, pourra se trouver dans le cas d'avoir à lutter, au commencement d'une guerre défensive contre la France, avec 240.000 hommes contre 360.000, c'est-à-dire dans la proportion de deux contre trois.

La disproportion des forces, déjà si désavantageuse pour

nous, le serait encore bien davantage si la barrière alpine **ne** nous offrait une compensation aux lenteurs que les conditions de l'Italie opposent à la concentration de notre armée dans **la** vallée du Pô. Tout le monde sait que la France, par la configuration de son territoire, par la richesse de sa production chevaline, par le grand nombre de ses bonnes voies ferrées, par les approvisionnements de matériel militaire qu'elle s'est procurés dans ces derniers temps, enfin par ses colossales ressources financières, est en mesure de mobiliser son armée en un temps notablement plus court que celui qui est nécessaire pour le même objet à l'armée italienne. Ce fait mettrait l'Italie à la merci de la France si le massif des Alpes et son prolongement en longs contre-forts sur le territoire français, ne constituaient pas entre les deux nations une zone de *ralentissement* dans les opérations d'invasion tant d'un côté que de l'autre.

Au point de vue logistique, la limite de cette zone est marquée du côté de la France par une ligne qui, partant de Culoz et passant par Grenoble et Gap, se termine à Toulon, laquelle ligne se relie avec l'intérieur de la France par de nombreuses voies ferrées, savoir :

1º La ligne à double voie Mâcon-Ambérieu-Culoz, à laquelle s'embranche, à trois journées environ de marche de Culoz, la ligne, également à double voie, Lyon-Ambérieu;

2º La ligne à double voie Lyon-Grenoble, qui, à une journée et demie de marche de cette dernière ville, reçoit les lignes à une voie Saint-Rambert-Rives et Valence-Moirans;

3º La ligne à une voie Avignon-Gap et Grenoble-Gap (cette dernière, en construction, ne tardera pas à être terminée);

4º La ligne à double voie Marseille-Toulon.

Si l'on représente par 1 la puissance de chaque ligne à une voie et par 1 1'2 celle de chaque ligne à double voie, en observant d'ailleurs que la ligne Grenoble-Gap, bien que très-utile aux Français pour transporter des troupes dans la direction du mont Genèvre et de l'Argentière, ne peut cependant entrer en ligne de compte comme reliant la ligne Culoz-Toulon avec l'intérieur de la France, on trouve qu'au point de vue des communications par voies ferrées, cette liaison dans son ensemble est exprimée par le chiffre 8. Si maintenant à ces ressources on ajoute la navigation à vapeur du golfe du Lion, pour le transport des troupes stationnées sur le littoral, à Perpignan, Béziers, Lodève, Montpellier et Nîmes, et qu'on affecte également la valeur 1 à ce moyen de transport forcément limité d'ailleurs pour ne pas retarder la formation du convoi principal d'un gros corps de débarquement, on arrive à cette conclusion que la puissance totale des transports de l'intérieur de la France à la ligne Culoz-Toulon est représentée par le chiffre 9, équivalant à un mouvement journalier de 108 trains.

Bien différentes sont les conditions de liaison de cette même ligne Culoz-Toulon avec la frontière. Deux lignes ferrées à une seule voie partant de Culoz et de Grenoble se confondent presque tout de suite en une seule à Montmélian, pour se prolonger, toujours à une voie, jusqu'à Modane. A Gap, les deux lignes venant de Grenoble et d'Avignon se prolongent en une seule ligne à une voie jusqu'à Briançon (cette dernière va être prochainement terminée); enfin, une ligne à une voie relie Toulon à Nice; de telle sorte qu'en continuant à tenir compte, comme plus haut, des communications maritimes, on trouve, pour la puissance de transport entre la ligne Culoz-Toulon et la frontière, le chiffre 4, équivalant à 48 trains par jour.

D'où il résulte que tandis que le mouvement des troupes françaises dans la direction de l'Italie pourra s'effectuer rapidement par voie ferrée jusqu'à la ligne ci-dessus indiquée

Culoz-Toulon, leur marche, à partir de ce point, subira un ralentissement forcé et devra en partie s'opérer par étapes.

Les forces envahissantes destinées à passer les Alpes se trouveront par suite, et pendant quelques jours, divisées en deux échelons, formés, le premier, des troupes arrivant successivement par voie ferrée à Chamousset (direction du Petit Saint-Bernard), à Modane (direction du mont Cenis), à Briançon (direction du mont Genèvre), à Embrun (direction de l'Argentière) et à Nice (direction du col de Tende et de la Corniche); le second, des troupes arrivées sur la ligne Culoz-Toulon et dirigées par étapes sur la frontière, ou retenues sur cette ligne en attendant que leur tour vienne d'être transportées par voie ferrée sur la frontière.

Il est facile de voir que cette division en deux échelons n'aurait en soi aucun inconvénient pour l'envahisseur, spécialement dans le cas où la défense ne lui opposerait d'autres obstacles que la résistance des forts d'arrêt et des compagnies alpines actuellement existantes. Au contraire, cette disposition, conservée même pendant la traversée de la zone alpine, diminuerait la difficulté des subsistances, et le premier échelon, à peine aurait-il atteint une certaine force, pourrait ouvrir la voie au second en faisant tomber la résistance des forts d'arrêt et des compagnies alpines.

Voyons maintenant combien de temps il faudra aux colonnes formant les deux échelons pour être en mesure de franchir la frontière.

C'est un fait connu que les dispositions prises pour la mobilisation de l'armée française sont telles que sur le territoire de chaque corps d'armée les troupes soient mises sur le pied mobile dans l'espace de huit à dix jours, délai après lequel commenceraient les mouvements de concentration vers la frontière.

Les troupes du premier échelon devant nécessairement

consister presque uniquement en infanterie, et cette arme étant la première à compléter sa mobilisation, on doit admettre que le mouvement par voies ferrées de ces troupes vers la frontière pourra commencer dès le neuvième jour. Trois jours après, c'est-à-dire à la fin du onzième jour, l'ensemble des forces transportées à Chamousset, Briançon, Embrun et Nice, dépassera en infanterie l'effectif de six divisions et permettra, en y joignant un certain nombre de batteries de montagne et quelque peu d'artillerie de campagne et de cavalerie, de constituer le premier échelon offensif sur les six lignes d'invasion terrestres. Le mouvement de ces troupes, des stations de débarquement à la frontière, pourra commencer le douzième jour.

En partant de cette donnée approximative, on voit que le premier échelon sera en mesure de passer la frontière au mont Cenis, au mont Genèvre et à Menton le treizième jour après l'ordre de mobilisation; à l'Argentière et à Saorgio le quatorzième jour, et au petit Saint-Bernard le seizième.

A partir de ces points, les colonnes françaises composant le premier échelon entreraient en lutte avec les compagnies alpines. Voyons dans quelles conditions aurait lieu cette lutte.

Avec l'organisation actuelle de nos troupes alpines, et alors même que dès les premiers jours de notre mobilisation, non-seulement les compagnies actives de la frontière autrichienne, mais encore les compagnies correspondantes de milice, seraient transportées sur la frontière française, ce qui est à peu près impossible tant que seront en vigueur les prescriptions qui en règlent aujourd'hui la mobilisation, elles ne présenteraient au total qu'une force de 12.000 hommes, soit 2.000 hommes pour chacune des six grandes routes d'invasion.

En face de ces 12.000 hommes, le premier échelon de

l'armée française en compterait 80.000, soit 13 ou 14.000 sur chacune de ces mêmes routes.

Quelle que puisse être la supériorité technique des troupes alpines dans la guerre de montagnes, réduites à une telle infériorité numérique, elles ne pourraient que retarder dans une mesure très-faible la marche de l'ennemi. Sans doute sur les passages les plus difficiles, dans les vallées secondaires des Alpes, quelques centaines d'Alpins, bien organisés et bien instruits, peuvent arrêter des troupes envahissantes nombreuses. Mais il n'en est point ainsi dans les vallées parcourues par les grandes routes. Quiconque a étudié les Alpes occidentales sait qu'excepté dans la vallée d'Aoste, il n'est pas une position à cheval sur les routes carrossables qui les traversent qui puisse être l'objet d'une défense quelque peu efficace, même passive, avec moins de 5 ou 6.000 hommes. Dans les conditions actuelles où s'engagerait la lutte entre le premier échelon de l'armée d'invasion et les troupes alpines dont nous disposons, celles-ci seraient réduites à occuper les montagnes qui dominent les routes, forçant l'ennemi à les en chasser avant de pousser plus loin. Cette résistance pourrait coûter des pertes sérieuses à l'ennemi, mais l'issue n'en serait pas douteuse, eu égard à la disproportion numérique, et ne pourrait non plus entraîner une grande perte de temps.

Il est vrai que le rôle le plus utile des troupes alpines consisterait moins dans une défense directe que dans des opérations hardies exécutées à travers les passages les plus difficiles, presque impraticables à d'autres qu'à des Alpins, pour tomber sur les flancs et même les derrières de l'ennemi. Mais la force des colonnes constituant le premier échelon de celui-ci leur permettrait de se garder efficacement sur leurs flancs, et quant à leurs derrières, ils seraient très-probablement assurés, dans une certaine mesure, par les colonnes du second échelon débarquant successivement à Chamousset, Modane, Briançon, Embrun et Nice, et auxquelles il n'est guère supposable qu'on ne confie pas cette mission. Les dispositions prises par les généraux français, en 1747, pour l'invasion des vallées du Clusone et de la Dora-Riparia, offrent un bel exemple de ce genre d'opération.

Si l'on admet que les colonnes envahissantes, contraintes dans leur marche à déloger successivement nos troupes alpines de leurs positions dominantes, ne puissent parcourir par jour plus de 10 à 12 kilomètres, supposition qui n'a certainement rien d'exagéré, on arrivera à cette conclusion que la colonne du mont Cenis sera à portée des forts d'arrêt le treizième jour de la mobilisation, et que le même jour la colonne de la Corniche arrivera sous le fort de Vintimiglia. Les colonnes du mont Genèvre seraient à portée d'Exilles le quinzième jour, et de Fenestrelle le seizième. Le dix-septième jour, les colonnes passant par l'Argentière arriveraient sous Vinadio, et celles du col de Tende devant les forts d'arrêt de ce col. Enfin la colonne dirigée par le petit Saint-Bernard ne parviendrait que le vingt-cinquième jour au fort de Bard. Il est inutile d'ajouter que l'attaque de ces divers forts pourrait commencer immédiatement, à la seule condition, facile à réaliser d'ailleurs, que le matériel de siége fût transporté avec le premier échelon, ou tout au moins qu'il le rejoignît pendant la marche.

Pendant ce temps les troupes du second échelon gagneraient la frontière, partie par voie ferrée, partie par étapes ordinaires. Il est très-probable que la majeure partie de ces troupes ne la franchiraient pas avant que l'on prévît la chute prochaine des forts d'arrêt, car, en les agglomérant prématurément dans les vallées du versant italien, l'envahisseur ne ferait qu'aggraver ses difficultés logistiques, tandis qu'en les maintenant sur son propre territoire, à portée de ses chemins de fer, il se procurerait toutes facilités pour assurer leur subsistance.

Les opérations nécessitées par le siége des forts d'arrêt entraîneront nécessairement une halte dans la marche en avant des colonnes ennemies, halte dont la durée dépendra de la résistance de ces forts. Mais cette résistance, du moment qu'elle n'est point appuyée par des opérations actives, efficaces, de la défense, ne peut avoir qu'une durée limitée, et il est facile de la calculer *à priori*. Les forts d'arrêt sont pour la plupart construits sur des éperons qui, partant d'un des flancs de la vallée, en restreignent le fond et forment un défilé par lequel passe la route. Leur force, dominés qu'ils sont presque toujours par des hauteurs environnantes, consiste principalement dans l'inaccessibilité de ces hauteurs. Or le temps nécessaire pour y amener de l'artillerie de siége est facilement calculable, pourvu que les travaux nécessités par ce transport ne risquent pas d'être contrariés par des opérations contre-offensives du défenseur, et une fois ce but atteint par l'ennemi, la chute du fort ne peut se faire longtemps attendre.

Par contre, sa résistance pourrait se prolonger presque indéfiniment si le défenseur disposait de forces mobiles suffisantes pour exécuter de vigoureuses opérations actives, appuyées sur des ouvrages spécialement construits dans un but contre-offensif. Mais des ouvrages complémentaires de cette nature font jusqu'à présent totalement défaut à ces forts d'arrêt, et la force actuelle de nos troupes alpines est loin de compenser cette lacune. Leur action se réduirait uniquement à garder les pas difficiles par lesquels l'adversaire pourrait réussir, avec de l'infanterie, à tourner es forts, et à profiter des erreurs qu'il pourrait commettre dans l'établissement et le fonctionnement de son service de sûreté. Tout cela pourrait sans doute influer jusqu'à un certain point sur la résistance des forts, mais toujours dans des limites restreintes.

De toute façon, dans notre système actuel de défense, le rôle assigné aux forts d'arrêt et aux compaguies alpines étant seulement de retarder la marche de l'envahisseur pendant le temps nécessaire pour permettre la concentration complète de l'armée italienne dans la vallée du haut Pô, on peut dire que les uns et les autres répondent à cet objet.

Pour que vingt jours après le commencement de notre mobilisation, nos troupes soient en mesure de disputer à l'ennemi la possession des débouchés dans la plaine, il suffira que la résistance des forts et des compagnies alpines empêche les colonnes envahissantes d'arriver sur ces positions avant le vingt et unième jour, et ce résultat pourra certainement être obtenu.

Laissant de côté le fort de Bard, qui, suivant toute probabilité, ne pourrait non plus être investi avant cette époque, il suffira et au delà que les forts du mont Cenis résistent pendant sept jours, celui d'Exilles pendant six jours, celui de Fénestrelle pendant cinq jours, et ceux de Vinadio et de Tende pendant quatre jours.

Quant au fort de Vintimiglia, chacun sait qu'il est dans des conditions telles aujourd'hui qu'il ne pourrait retarder que de quelques heures la marche de l'ennemi. Mais après avoir surmonté cet obstacle, les troupes françaises opérant par la Corniche auraient encore, avant de pénétrer dans la vallée du Tanaro, à vaincre la résistance des forts d'arrêt qui doivent être construits à Nava et au San Bernardo.

Pour arriver sous le premier de ces forts, il faudrait à l'envahisseur quatre jours, et cinq pour atteindre le second, même en admettant que les compagnies alpines ne retardassent pas notablement sa marche ; de telle sorte que le siége du fort de Nava ne pourrait commencer que le dix-septième jour, et celui du fort de San Bernardo que le dix-huitième.

On peut donc conclure que la résistance, même passive, des forts d'arrêt sera telle qu'elle ôtera aux forces envahissantes opérant sur la frontière terrestre la possibilité d'occuper les débouchés dans la plaine avant la concentration de l'armée italienne dans la haute vallée du Pô ; et cela même quand la France parviendrait, avant l'achèvement de sa mobilisation, à pousser dans l'intérieur de notre zone alpine quelques noyaux de forces, éventualité à laquelle semblent se rapporter certaines dispositions organiques récemment prises dans ce pays.

Il n'est pas probable non plus qu'avant la concentration de notre armée, l'ennemi puisse occuper la ligne de faîte des Apennins ligures avec des forces débarquées dans la rade de Vado.

S'il a été possible de calculer approximativement la succession des diverses périodes de l'invasion par voie de terre jusqu'au moment où elle sera arrêtée par les forts d'arrêt, il n'en est pas de même pour l'invasion venant par voie de mer ; on ne pourrait le faire sans se lancer dans des assertions hasardées. Trop d'éventualités retardatrices peuvent se produire dans une opération de ce genre pour qu'en se basant seulement sur les moyens disponibles, sur les distances à parcourir et sur le temps nécessaire pour l'embarquement et le débarquement des troupes, on puisse fixer avec quelque approximation le jour où ce débarquement pourra s'effectuer. Les conditions plus ou moins favorables de la mer suffiraient à elles seules pour introduire une inconnue dans la question, et une seconde inconnue non moins importante serait l'intervention de la flotte italienne et le retard qui en pourrait résulter.

Dans le fait, et eu égard aux conditions actuelles de la tactique navale, on ne peut supposer que les Français, malgré

leur grande supériorité maritime, s'exposent aux risques
d'une opération de débarquement avant d'avoir battu ou
bloqué notre flotte, ou tout au moins de l'avoir forcée de s'é-
loigner du point choisi par eux, suffisamment pour lui interdire toute possibilité de troubler l'opération. Or, l'obtention
plus ou moins prompte de ce résultat dépend uniquement de
la fortune et de l'habileté des commandants des deux flottes
adverses : aussi échappe-t-elle à tout calcul hypothétique. Ce
qui n'empêche qu'on peut fixer au moins la limite minimum
du temps nécessaire pour effectuer un gros débarquement de
troupes sur la rivière du Ponant.

A moins que les Français ne prennent le parti d'embarquer
sur leur flotte de transport des troupes non encore mobili-
sées, ce qui paraît peu probable, ils ne pourraient que très-
difficilement être en mesure d'opérer sur nos côtes le débarquement d'un gros corps de troupes pourvu de tout le
nécessaire avant le dix-septième ou le dix-huitième jour de
la mobilisation. Une fois ce débarquement effectué, ils auraient encore à prendre les forts qui doivent être prochainement construits sur la ligne de faîte des Apennins ligures ;
et comme cette opération exigerait un certain nombre de
jours, on peut avancer que l'envahisseur ne pourrait, avant la
concentration complète de notre armée, s'établir sur la ligne
de faîte des Alpes maritimes et de l'Apennin ligure comprise
entre le mont Saccarello, près des sources du Tanaro, et le
mont Ermetta, près des sources de l'Orba. Cette ligne de
faîte, dans sa partie la plus orientale, peut être considérée
comme une position de débouché dans la vallée du Pô, car
les *Langhe*, qui en constituent le versant nord, sont dès à
présent et tendent chaque jour davantage, par suite de l'ou-
verture de nouvelles communications, à devenir un terrain
propre aux manœuvres.

Pour nous résumer, nous dirons que lorsque le système

de nos forts d'arrêt sur la frontière occidentale aura été achevé, ces forts, complétés par l'action des troupes alpines, répondront au but qu'on a en vue dans leur construction, et qui est de permettre à l'armée italienne de se déployer avant que l'envahisseur soit en mesure de s'emparer des positions de débouché.

Après avoir ainsi éclairci la question importante de l'efficacité des forts d'arrêt, nous allons établir quels sont les caractères militaires des positions de débouché.

Dans la tactique abstraite, on enseigne que les positions occupées en arrière du débouché des défilés sont avantageuses, parce qu'elles permettent au défenseur de faire entrer en action ses propres troupes, déjà déployées, contre les troupes ennemies, au moment où celles-ci, contraintes de sortir du défilé en formation de marche, doivent se déployer elles-mêmes sous le feu. De plus, ajoute-t-on, lorsque l'ennemi veut se retirer, il faut qu'il se remette en colonne pour traverser en sens inverse le défilé, opération bien difficile à exécuter sans que le désordre s'introduise dans ses troupes et sans que la retraite se change en déroute. Ces principes de la tactique abstraite sont applicables aux défilés formés par des ponts, des rues, des gorges de montagne qui resserrent le passage entre des parois inaccessibles. Mais les débouchés des Alpes dans la plaine du Pô sont loin de présenter ce caractère. Les contre-forts qui se détachent de la ligne générale de faîte sont bien, à leur origine, formés de hautes montagnes en grande partie inaccessibles et dont les cimes atteignent parfois la région des neiges éternelles ; mais ils vont ensuite en s'abaissant progressivement, et s'ils conservent encore pendant quelque temps une nature peu accessible, ils n'en finissent pas moins par former des collines plus ou moins praticables. Si, pour disputer le débouché en plaine à une colonne ennemie venant de la montagne, on voulait se déployer soi-même en plaine, on verrait l'adversaire couronner successivement les collines qui flanquent le débouché, pour prendre ensuite l'offensive en attaquant de haut en bas. La défense, dans le but de disputer le débouché des vallées alpines, est donc forcée de s'avancer sur cette zone et d'en occuper les derniers contre-forts, pour interdire l'occupation de ceux-ci à l'ennemi. Au lieu de prendre une position de débouché proprement dite, elle est forcée d'occuper une position de montagne, et comme celle-ci est naturellement la plus rapprochée de la plaine de toutes celles que présente la vallée, et par conséquent située sur un terrain de montagne facilement praticable, elle exige pour sa défense l'emploi de plus de forces qu'une position plus avancée.

A cela il convient d'ajouter que cette position étant la dernière de la zone montagneuse, lorsqu'elle sera tombée dans les mains de l'ennemi, celui-ci aura toute facilité pour déboucher à son gré dans la plaine. Il lui suffira pour cela de s'y établir solidement en y construisant des ouvrages de fortification passagère, précaution élémentaire que certainement il ne négligera pas de prendre. Nous en avons un exemple dans ce qu'ont fait les troupes françaises débarquées à Gênes en 1859. Ces troupes, après s'être avancées par la route de Giovi jusque dans le voisinage de l'Isola del Cantone, y commencèrent sur la rive droite de la Scrivia des travaux en terre pour réparer et construire des routes praticables à l'artillerie qu'on se proposait d'amener de Moretta sur la crête du monte Corvo, et cela dans le but de s'assurer le débouché, dans la plaine d'Arquata, du défilé de Pietra Bissara. Plus tard on entreprit encore des ouvrages de campagne destinés à renforcer la position du débouché de Novi. La rapide succession des événements empêcha seule de donner à ces travaux la consistance nécessaire.

Enfin il faut remarquer que tant que l'envahisseur restera

sur les positions de débouché, il aura peu à craindre des retours offensifs de la défense, celle-ci pour l'en déloger étant obligée de commencer son mouvement dans la plaine, de bas en haut et contre de grandes difficultés.

Ces considérations s'appliquent aux débouchés compris entre Ivrée et Borgo San Dalmazzo, qui correspondent à la partie de la frontière menacée par l'invasion terrestre ; quant à l'autre partie, qui fait face à la mer, nous avons déjà dit comment la viabilité croissante du versant tourné vers le Pô a pour effet de placer ses véritables positions de débouché sur la ligne générale de faîte et, par conséquent, d'y reporter également l'action de la défense pendant cette période. Nous croyons même que pour être réellement efficace, cette défense devrait être poussée encore plus avant, jusque sur les nœuds des courts contre-forts qui descendent vers la mer et dont l'occupation, tout en garantissant la possession de la ligne de faîte, permettrait une utile contre-offensive contre l'ennemi venant du littoral.

Le rôle considérable que joua le Monte (1) Negino dans la campagne de 1796 est trop connu de tous, et l'importance plus grande encore qu'auraient le Monte Giardino, le Monte Curlo et le Monte Giuto, dans le cas d'un débarquement ennemi sur la rade de Vado, est trop évidente pour tous ceux qui ont eu occasion d'étudier cette partie de notre théâtre de guerre contre la France, pour qu'il soit opportun d'entrer ici dans plus de détails.

Ce que nous avons dit des difficultés d'une contre-offensive dirigée par nous contre les positions de débouché des Alpes occidentales tombées entre les mains de l'ennemi, s'applique

____

(1) Nous avons conservé l'orthographe italienne de ce mot, bien que dans la plupart de nos ouvrages militaires français on le trouve écrit : *Monte Legino.*

également à une contre-offensive qui, partant des vallées du Tanaro, de la Bormida et de l'Erro, tendrait à déloger l'ennemi déjà établi sur la ligne de faîte des Alpes maritimes et de l'Apennin ligure.

Soit sur les Alpes occidentales, soit du côté de la Rivière du Ponant, une défense efficace des débouchés exigerait qu'une quantité importante de troupes fût portée en avant dans la zone montagneuse. Mais tandis que sur la frontière de terre cette occupation pourrait être réduite à la lisière de la zone, sur la frontière maritime on devrait nécessairement l'étendre jusqu'à la ligne de faîte et même au delà, pour s'y confondre avec la résistance des forts d'arrêt.

Examinons maintenant la troisième période de la défense, celle où l'armée italienne, après avoir inutilement disputé à l'envahisseur les positions de débouché dans la plaine, devrait manœuvrer par des lignes intérieures pour empêcher la réunion des différentes masses ennemies, et chercher l'occasion de les battre séparément, en les attaquant avec la supériorité des forces.

Nous avons déjà montré précédemment, en nous appuyant sur des exemples historiques, qu'une des conditions essentielles de la réussite de cette manœuvre en général, c'est qu'elle soit opérée, pour ainsi dire, par surprise, c'est-à-dire sans que l'adversaire en soit prévenu. Pourrions-nous nous flatter que cette condition pût être remplie dans une telle manœuvre opérée par nous contre les troupes ennemies débouchant des Alpes? On a proclamé trop haut, même dans des documents officiels, qu'on se propose d'agir par des lignes intérieures dans la haute Italie, pour que nos voisins d'occident puissent l'ignorer, et s'ils conservaient encore quelque doute à cet égard, ce doute s'évanouirait bien vite chez eux à leur débouché dans la plaine, lorsqu'ils auraient vu notre résistance exclusivement passive dans la zone alpine.

Mais, dira-t-on, la différence de longueur des vallées et le plus ou moins de résistance des forts d'arrêt auront ce résultat que les colonnes envahissantes déboucheront non simultanément, mais à plusieurs jours de distance l'une de l'autre, de telle sorte que la défense pourra les écraser successivement avec la masse de ses forces.

Il faudrait pour cela que l'envahisseur fermât les yeux sur le danger de déboucher en colonnes séparées contre un adversaire concentré, et qu'il ne se doutât pas que celui-ci veut opérer par des lignes intérieures, hypothèse qui, ainsi que nous l'avons déjà dit, ne saurait désormais être admise.

Ce qui est beaucoup plus probable, c'est que l'envahisseur, au fur et à mesure qu'il surmontera la résistance des forts d'arrêt, s'efforcera d'occuper les positions de débouché correspondantes, et qu'une fois qu'il en sera maître, il y fera halte et s'y établira solidement, y créant, à l'aide d'ouvrages de campagne, une base sûre pour ses opérations offensives ultérieures, et y attendant le moment où il pourra déboucher simultanément avec l'ensemble ou du moins avec la plus grosse partie de ses forces. Cette halte dans la marche des colonnes qui auraient les premières réussi à faire tomber les forts d'arrêt, ne les exposerait à aucun danger sérieux, car nos opérations contre-offensives, dirigées de front contre leurs positions, se heurteraient, nous l'avons déjà dit, aux plus graves difficultés, et les flancs de ces mêmes positions pourraient être facilement assurés par l'occupation des points de passage à travers les contre-forts qui séparent les vallées.

Sans doute cette marche méthodique ne laisserait pas de créer à l'ennemi des difficultés administratives et logistiques, mais qui ne seraient nullement insurmontables, si l'on songe que pour enlever et occuper les positions de débouché, il n'aurait pas besoin de jeter dès le début de la guerre toutes ses forces sur le versant italien des Alpes ; les théâtres de guerre de montagne ont ceci de particulier qu'ils ne permettent l'emploi que d'une force limitée : tout ce qui excède cette force devient un embarras au point de vue des subsistances, sans rien ajouter à l'efficacité de l'action militaire.

On doit, par conséquent, admettre qu'une fois les forts d'arrêt tombés, l'envahisseur renforcerait le premier échelon de chacune de ses colonnes de tout ce qui pourrait être utilement employé soit pour l'enlèvement des positions de débouché, soit pour assurer les derrières de ces positions, se réservant de ne faire avancer le reste de ses forces que lorsque s'approcherait le moment du débouché simultané de toutes les colonnes.

L'histoire nous fournirait au besoin des exemples d'opérations ainsi conduites ; si l'on songe d'ailleurs que le service sur les derrières de l'armée envahissante pourrait être fait par voie ferrée jusqu'aux stations de Modane, Briançon, Embrun et Nice, et par mer jusqu'à Savone et aux ports de la rivière du Ponant, se continuant ensuite par de bonnes routes carrossables, on ne voit pas quelle serait en réalité l'impossibilité de ravitailler cette armée dans la zone alpine, alors même que, pour se procurer l'avantage d'un débouché simultané, elle devrait y faire une halte de quelques jours. (Il va sans dire que nous supposons mis hors de service les chemins de fer situés sur notre territoire.)

La colonne avançant par la vallée d'Aoste se trouverait seule dans des conditions difficiles à cet égard, à cause de la grande distance qui sépare la station de Chamousset du débouché d'Ivrée. Quoique cette vallée présente des ressources de quelque importance, susceptibles d'atténuer la difficulté, il est à présumer que cette ligne d'invasion ne jouerait qu'un rôle seulement accessoire.

Un autre obstacle que rencontrerait l'envahisseur dans

l'exécution de ce plan méthodique d'opérations, ce serait
la difficulté de trouver dans l'intérieur de la zone alpine des
espaces suffisants pour y faire camper les troupes pendant
quelques jours. Mais cet obstacle, assez sérieux s'il s'agissait
des vallées secondaires, n'a pas de gravité en ce qui concerne les vallées principales, qui présentent de nombreux
élargissements propres au campement des troupes. En tout
cas, les incommodités auxquelles les colonnes envahissantes
pourraient se trouver exposées pendant cette période d'arrêt
ne sauraient entrer en balance avec les avantages qu'elles
s'assureraient ainsi pour leurs opérations ultérieures. Quiconque a parcouru les Alpes l'histoire à la main, et examiné
les camps occupés, même dans des saisons peu propices et
pendant des mois entiers, par des corps relativement nom-
breux durant les guerres des xviie et xviiie siècles, doit rester
convaincu que la difficulté de faire séjourner pendant quel-
ques jours une force de 50 ou 60.000 hommes dans chacune des grandes vallées des Alpes, n'est qu'apparente.

Une considération politique cependant pourrait s'opposer
à l'adoption par l'envahisseur du plan que nous venons d'exposer. La facilité avec laquelle, depuis un siècle, la France ren-
verse ses gouvernements lorsque ceux-ci se montrent inhabiles
à soutenir la gloire nationale, impose aux chefs de cette nation
l'obligation de conduire les opérations de guerre de manière
à obtenir des succès prompts et décisifs ; et personne n'ignore
à quelles fautes cette obligation a conduit le gouvernement
impérial en 1870. On pourrait ajouter que la conduite méthodique de la guerre répugne au caractère impatient de nos
voisins d'occident. Mais il n'en est pas moins vrai que ce retard dans les progrès de l'invasion, limité à la durée maxima
de la résistance des forts d'arrêt, ceux-ci étant abandonnés
à leurs seules forces et faiblement flanqués par les compagnies alpines, ne saurait être considéré comme suffisant pour

produire dans les esprits, en France, un état de tension capable de faire violence aux froides appréciations de ceux qui auraient la responsabilité de la conduite des opérations. Il faut remarquer d'ailleurs que la chute successive et inévitable des forts d'arrêt procurerait aux armes françaises une série de résultats heureux qui, pompeusement annoncés à la nation, suffiraient suivant toute probabilité pour calmer les anxiétés.

Après s'être assuré, au prix de ce léger retard, la possibilité d'un débouché simultané pour ses diverses colonnes, l'envahisseur, on ne peut en douter, ne négligera pas les moyens nécessaires pour que cette opération se fasse avec ensemble et harmonie. Sur un front de montagnes d'un développement de 230 kilomètres, comme celui qui s'étend d'Ivrée au col del Giovo, au-dessus de Sassello, la chose eût été presque impossible autrefois ; elle n'offre plus aucune difficulté aujourd'hui, par suite de l'application de l'électricité aux opérations de guerre. Sans même rappeler l'usage qui fut fait du télégraphe électrique dans les campagnes de 1866 et 1870, il est facile de concevoir que tout ce front étendu de l'armée envahissante pourra être mis en communication rapide avec le commandement supérieur de cette armée, lequel, sans doute, ne franchirait la frontière qu'après le débouché complet de toutes ses colonnes dans la plaine. Il est évident que des lignes télégraphiques de campagne seraient établies par chaque colonne le long de la route qu'elle aurait parcourue ; que chacune de ces lignes, se raccordant ensuite avec le réseau télégraphique ordinaire de la France à la station la plus voisine de la frontière, se trouverait ainsi reliée avec les lignes télégraphiques des autres colonnes, et que toutes les parties de l'armée pourraient communiquer télégraphiquement entre elles et avec le commandement suprême. Et comme, d'autre part, la profondeur du versant italien des Alpes n'est pas telle qu'elle puisse empêcher la rapide transmission, par des postes de correspondance de cavalerie, des avis envoyés des positions de débouché dans la plaine du Pô aux stations télégraphiques de la frontière, on voit que la liaison entre les colonnes envahissantes pourra être assurée même contre les éventualités, d'ailleurs assez fréquentes, d'interruption dans le service des télégraphes de campagne. Enfin il est à noter qu'en ce qui concerne l'aile droite de l'armée ennemie, cette rapide transmission pourra même s'effectuer par voie de mer entre Nice et Savone.

Aussi pensons-nous que le commandement suprême de l'armée envahissante, établi à Grenoble, ou sur tout autre point plus convenable du territoire français, pourrait se maintenir au courant, jour par jour, de tout ce qui arriverait sur l'étendue entière du front d'invasion, et transmettre à chaque fraction de l'armée, en peu d'heures, les avis et ordres nécessaires, aussi bien et peut-être mieux, grâce aux progrès réalisés dans les services techniques, que ne le fit l'état-major général prussien en 1866 tant qu'il resta à Berlin, en 1870 tant qu'il fut à Mayence.

Une fois venu le moment de procéder au débouché, le rôle des différentes parties de l'armée d'invasion serait clairement indiqué par la structure du théâtre de la guerre. Si l'on ne tient pas compte de la colonne débouchant par la vallée d'Aoste, laquelle se trouverait trop éloignée du centre de gravité de l'armée pour que son effectif pût être supérieur à celui nécessaire pour de simples démonstrations, on voit que les autres masses ennemies se présenteraient d'Avigliana à Borgo San Dalmazzo, et de Borgo San Dalmazzo au col del Giovo, au-dessus de Sassello, sur un front d'environ 160 kilomètres constitué par deux côtés d'un triangle rectangle dont l'hypoténuse mesure seulement 110 kilomè-

tres. C'est dans l'intérieur de ce triangle que les forces italiennes devraient manœuvrer pour se porter successivement
contre les différentes colonnes ennemies et les attaquer avant
qu'elles eussent réussi à se donner la main.

Maintenant, si l'on jette les yeux sur une carte de la haute
vallée du Pô, on reconnaîtra que cette manœuvre par des
lignes intérieures, à exécuter par l'armée italienne dans le cas
d'un débouché simultané, sera par le fait dirigée non contre
les diverses colonnes envahissantes, mais bien contre les
trois masses dans lesquelles ces colonnes se seront nécessairement groupées, sans que l'armée italienne ait pu y mettre
obstacle. En effet, la distance de l'extrême gauche de la position de débouché de Pignerol à l'extrême droite de la position de débouché d'Avigliana n'excède pas 20 kilomètres,
de telle sorte que les forces ennemies débouchant de ces
deux positions dans la plaine, bien que matériellement séparées, se prêteraient en réalité un mutuel appui et que,
comme elles ne prendraient naturellement pas des directions
divergentes, l'une d'elles ne pourrait être attaquée par nous
sans être secourue par l'autre. Plus intime encore serait la
liaison entre les deux colonnes débouchant par la vallée de
la Stura et par celle de la Vermenagna, précisément au sommet du triangle rectangle dont nous avons parlé, attendu
que ces deux vallées se confondent en une seule à Borgo San
Dalmazzo. Quant aux colonnes débouchant par les vallées du
Tanaro, de la Bormida et de l'Erro, entre Garesso et Sasello,
sur un front de 45 kilomètres, comme elles n'auraient pas
sur leurs derrières et sur leurs flancs, au moment du débouché, des montagnes presque impraticables, ainsi que cela
arriverait pour les colonnes précédemment énumérées, on
peut tenir pour certain que, dès le début, elles auraient
réussi à se donner la main. Il faut ajouter que ces deux dernières colonnes, dont l'effectif se monterait ensemble à

100.000 hommes suivant l'hypothèse admise, continueraient, même après le débouché, à opérer sur un terrain de hautes collines où un front de 45 kilomètres ne serait certainement pas trop étendu pour elles.

La manœuvre par lignes intérieures de l'armée italienne se devrait donc opérer contre trois masses d'invasion dont chacune, sans compter la colonne engagée dans la vallée d'Aoste, ni celles qui auraient pu être laissées en arrière pour la garde de certains points des positions de débouché ou des lignes de communication, compterait dès le début environ 100.000 hommes et s'accroîtrait progressivement par l'arrivée de renforts venant de France, ou par la substitution de l'armée territoriale aux troupes de première ligne momentanément maintenues sur les derrières pour le service de l'armée.

A ce point de vue, quelles seraient les conditions de l'armée italienne ?

Est-il probable qu'au moment du débouché en plaine de l'armée d'invasion, l'armée italienne puisse utiliser déjà le concours de sa milice mobile, comme l'armée française de première ligne pourra probablement le faire avec l'armée territoriale ?

A cela il est difficile de répondre d'une manière absolue, puisqu'on ne peut prévoir la durée de la résistance des forts d'arrêt. Mais ce qui est vrai, c'est qu'en raison de la moindre rapidité de notre mobilisation, il pourra arriver que pendant un certain laps de temps l'ennemi puisse employer sur ses derrières ses propres troupes de seconde ligne, tandis qu'une partie de nos troupes de première ligne seraient encore distraites des opérations actives pour garder certaines places voisines du théâtre d'opérations, telles que Gênes et Alexandrie.

De toute façon, en admettant que la durée de la résistance

des forts d'arrêt nous permette de mobiliser un nombre de bataillons de milice mobile suffisant pour rendre absolument disponibles toutes les troupes de première ligne, nous ne pouvons raisonnablement supposer qu'elle permette de former avec cette milice des divisions en état de prendre part aux opérations de campagne, formation qui, dans les conditions actuelles, exigerait un laps de temps considérable.

Quant aux corps d'armée laissés dans l'Italie péninsulaire pour la défendre contre des tentatives possibles de débarquement, il est très-probable que leur transport vers la frontière continentale commencerait par chemins de fer dès que le débarquement dans la rivière du Ponant serait devenu certain.

Quelque peu favorables que soient les conditions de liaison entre les voies ferrées péninsulaires et celles de la vallée du Pô, si l'on suppose construits les forts d'arrêt projetés dans l'Apennin, on peut penser que le transport des corps d'armée en question sera en grande partie achevé avant que l'armée d'invasion puisse opérer son débouché simultané ; mais serait-il prudent de laisser l'Italie péninsulaire complétement dégarnie de troupes de première ligne avant qu'un certain nombre de divisions de milice mobile puissent recevoir la mission de pourvoir à sa défense ?

Nous hésiterions beaucoup à conseiller une pareille mesure, étant donnée la grande supériorité numérique des Français, qui leur permettrait, à peine leurs troupes de la rivière du Ponant auraient-elles pris solidement pied sur le littoral, d'user de leur marine pour embarquer de nouvelles troupes et les débarquer sur quelque point de la Péninsule, en vue de s'emparer de notre capitale.

De cet ensemble de considérations nous croyons pouvoir conclure qu'il sera fort difficile à l'armée italienne de s'opposer à forces égales à l'envahisseur, au moment où celui-ci débouchera dans la plaine. Le problème de la manœuvre par les lignes intérieures se présenterait donc pour elle dans des conditions encore moins favorables que celles supposées par Jomini, et qu'il reconnaissait lui-même offrir peu de chances de succès.

Après avoir ainsi établi les proportions numériques dans lesquelles se trouveraient probablement les deux armées au début des hostilités, examinons plus particulièrement leur situation respective relativement au théâtre des opérations.

Ainsi que nous l'avons déjà dit, ce théâtre d'opérations serait limité, durant la période qui suivrait immédiatement le débouché de l'envahisseur en dehors de la zone alpine, par les trois côtés d'un triangle presque rectangle ayant son sommet à Borgo San Dalmazzo. Les deux côtés de ce triangle, Borgo San Dalmazzo-Avigliana et Borgo San Dalmazzo-Col del Giovo, mesurent chacun environ 80 kilomètres, tandis que l'hypoténuse Col del Giovo-Avigliana en mesure à peu près 110. Cette hypoténuse occupée par la défense constituerait, moyennant la route Col del Giovo-Sassello-Acqui-Nizza-Asti-Poirino-Turin-Rivoli-Avigliana, sa ligne d'opérations la plus reculée sur les routes ordinaires. Les deux côtés seraient aux mains de l'envahisseur, qui, en les renforçant par des ouvrages de campagne, s'en ferait une base d'opérations de forme enveloppante.

Le terrain compris dans l'intérieur du triangle forme deux zones d'un caractère bien distinct. La zone la plus occidentale, dénommée haut Piémont, est plane ; l'autre, connue sous le nom de Langhe se compose d'un terrain de collines vers le nord qui, en descendant vers le sud, se transforme en montagnes de moyenne élévation. La limite entre les deux zones est marquée par le Tanaro, cours d'eau qui, hors les cas de crue, est facilement guéable sur un grand nombre de points.

Le haut Piémont est couvert d'un riche réseau de communications. Le seul obstacle naturel de quelque importance militaire qui s'y rencontre est le cours du Pô, et encore celui-ci, dans la partie comprise entre Saluces et Moncalieri, est-il, comme le Tanaro, d'un faible volume et facilement guéable en plusieurs endroits. Les Langhe, au contraire, moins riches en communications, offrent plusieurs lignes défensives formées par une série de contre-forts qui courent du sud au nord. Ces lignes défensives gênent par leur direction les mouvements de translation de l'est à l'ouest, mais n'ont qu'une action très-limitée sur ceux qui s'exécutent du sud au nord et du nord au sud.

Dans la première des deux zones (le haut Piémont) déboucheraient deux des trois masses d'invasion, à 60 kilomètres environ l'une de l'autre et séparées seulement entre elles par l'obstacle insignifiant du haut Pô. Dans la seconde déboucherait la troisième masse, à 45 kil. environ de la masse centrale débouchant à Borgo San Dalmazzo, et séparée d'elle par les obstacles topographiques que forment le Tanaro, son affluent la Corsaglia et les contre-forts dont nous avons parlé plus haut. La difficulté qu'opposeraient ces contre-forts à la réunion de la droite et du centre ennemis serait atténuée par ce fait que chacun de ces contre-forts n'arrêterait seulement qu'une partie des troupes venant de la rivière du Ponant et serait pris à revers par les autres. Quant à la ligne Tanaro-Corsaglia, qui échappe à cet inconvénient, elle serait menacée en arrière, à 35 kilomètres de distance, par les forces ennemies débouchant de Borgo San Dalmazzo.

Dans le cas où la droite ennemie voudrait se réunir, dans le haut Piémont, au reste de l'armée, les bonnes routes carrossables ne lui feraient pas défaut. En effet, les troupes provenant de la haute vallée du Tanaro pourraient marcher sur Mondovi par la route ordinaire Ceva-San Michele-Mondovi, et sur Carru par le tronçon de voie ferrée Ceva-Carru ; celles débouchant dans les vallées de la Bormida pourraient atteindre Dogliani par la route Carcare-Millesimo-Montezemolo-Murazzano, et enfin celles venant de la vallée de l'Erro se porteraient sur Monchiero par Giusvalla-Dégo-Piana-Cortemiglia-Benevello-Monforte. Il est donc évident que les communications qu'offrent cette zone sont suffisantes pour permettre à une armée de cent mille hommes de se transporter des Langhe dans le haut Piémont, et de s'y présenter en plaine sur le front Mondovi-Monchiero, lequel, n'ayant pas plus de 20 kilomètres, n'a pas un développement exagéré pour une telle force.

Pour compléter cet examen sommaire du terrain où pourrait avoir lieu la manœuvre par les lignes intérieures, il convient d'étudier quelles sont ses relations stratégiques avec le théâtre général de la guerre.

Si l'on jette les yeux sur une carte de la vallée du Pô, on voit de suite que dans le cas éventuel où l'armée italienne aurait à se retirer du haut Piémont et des Langhe vers l'intérieur de notre territoire, ses diverses parties devraient nécessairement affluer dans la vallée inférieure du Tanaro, entre Alba et Alexandrie.

Or, tandis qu'un des deux côtés du triangle Avigliana-Borgo San Dalmazzo-Col del Giovo offre une direction générale perpendiculaire à la direction du Tanaro entre Alba et Alexandrie, l'autre côté court presque parallèlement à cette même partie du cours du Tanaro. Il en résulte que les colonnes ennemies partant de ce second côté du triangle et marchant sur Acqui par les routes Carcare-Acqui et Sassello-Acqui, seraient à portée de menacer en trois journées de marche notre ligne de retraite vers Alexandrie et Plaisance. Il y aurait ainsi une grande analogie entre la situation de l'armée italienne pendant sa manœuvre intérieure contre

es colonnes ennemies débouchant des Alpes, et la situation
ù se trouva en 1796 Bonaparte, alors que pendant la période
e Castiglione, il fut amené à frapper ses premiers coups
ur le corps de Quasdanovitch. Il y en aurait une plus grande
ncore avec les conditions où il se trouva plus tard pendant
a seconde période de la campagne de 1813, lorsque sa ligne
e retraite à travers la Thuringe fut menacée par l'armée de
chwarzenberg débouchant de l'Erz Gebirge. On considère
n général comme la cause principale du désastre
u'essuya Napoléon à Leipzig le peu d'importance qu'il avait
ttribuée à cette menace et son trop long arrêt sur la ligne
e l'Elbe. Il est vrai que si l'ennemi réussissait à s'établir
ur le cours inférieur du Tanaro, pendant qu'une partie con-
idérable de nos forces se trouverait encore dans le haut Piémont, celles-ci pourraient encore opérer leur retraite vers la
éninsule par la rive gauche du Pô, à la condition, bien
ntendu, que le défilé de Stradella eût été préalablement
mis en état de défense, de manière à pouvoir arrêter pendant
uelque temps la marche de l'ennemi. Mais la longueur de
ette ligne de retraite et le peu de protection qu'elle tirerait
u cours du Pô contre l'ennemi, maître de la rive droite,
aquelle dans cette partie domine la rive gauche, créeraient
'énormes difficultés au commandement supérieur de l'armée italienne.

Aussi, une des suppositions les plus vraisemblables dans
e cas d'une invasion simultanée des masses ennemies est-
lle que, pour éviter le danger signalé, la majeure partie
es forces italiennes sera portée, dès le principe, dans les
allées de l'Erro, de la Bormida et du haut Tanaro, pour y
pérer contre-offensivement, tandis qu'on ne laisserait dans
e haut Piémont que des forces moindres, pour y retarder la
marche des masses ennemies qui y auraient débouché.

Or la nature du terrain des Langhe rend difficile à une

contre-offensive dirigée du nord au sud l'obtention de résultats prompts et décisifs.

Il ne serait certainement pas impossible, si l'on disposait d'une notable supériorité de forces, d'arrêter dans sa marche l'envahisseur descendant de la ligne de faîte de la chaîne principale par les vallées qui y prennent leur origine; mais le déloger de cette ligne naturellement très-forte, dont il aurait en outre et sans nul doute fortifié les points les plus importants, serait une opération qui exigerait beaucoup de temps et d'efforts.

Par contre, les troupes italiennes laissées en face des colonnes ennemies dans le haut Piémont ne pourraient en retarder longtemps les progrès et la réunion, car elles ne trouveraient dans le pays, pour s'y appuyer, aucun autre obstacle naturel que la ligne du Pô, ligne de très-peu d'importance, comme nous l'avons déjà vu.

Il en résulte que, tandis que la masse principale de nos forces serait engagée dans une lutte longue et nécessairement peu décisive dans les Langhe, les colonnes de l'envahisseur, débouchant d'Avigliana, Pignerol et Borgo San Dalmazzo, auraient toute facilité de faire replier les troupes italiennes qui leur seraient opposées, et d'effectuer leur propre réunion; après quoi, marchant sur Alba et Asti, elles s'avanceraient probablement vers la vallée inférieure du Tanaro, pour menacer la ligne de retraite de notre masse principale.

En présence d'une telle situation, le commandement supérieur italien se verrait bientôt contraint d'abandonner sa contre-offensive, pour échapper au danger de voir le gros de ses forces enveloppé dans un pays pauvre en ressources et qui, de plus, ne se prête pas aux mouvements rapides que comporterait une action successive contre les masses enveloppantes.

L'envahisseur pourrait donner à ses troupes, descendues

ans le haut Piémont, une direction encore plus prompte-
nent décisive, en les portant directement sur le flanc et les
lerrières de notre masse principale, par les routes Alba-
'ortemiglia-Dego-Cherasco-Dogliani - Montezemolo , Carru-
leva et Mondovi-Ceva.

Le choix entre ces deux modes d'opérer serait indiqué à
'ennemi par les circonstances du moment ; mais qu'il
doptât l'un ou l'autre, il aurait grande chance de contraindre
e gros de nos forces à battre en retraite vers Stradella et
'laisance.

Nous n'hésitons donc pas à dire que, dans l'hypothèse que
lous avons entrepris d'examiner, la nature du champ de
nanœuvre de l'armée italienne est faite pour rendre très-
iroblématique le succès d'opérations par lignes intérieures,
endant à frapper les premiers coups dans les Langhe, ainsi
ſue le conseilleraient les conditions générales stratégiques
ur le haut Pô.

Quelles seraient maintenant les conditions de cette même
nanœuvre si nous l'exécutions tout d'abord contre les
.roupes débouchant de Borgo San Dalmazzo? Dans cette di-
·ection, notre masse principale ne rencontrerait pas, comme
lans les Langhe, des difficultés naturelles qui l'empêchassent
l'obtenir des résultats prompts et décisifs. La plaine qui
i'étend entre Borgo San Dalmazzo et Savigliano serait pro-
)ablement le champ de bataille où entrerait en action la
najeure partie de nos forces, tandis que des forces moindres
:hercheraient à arrêter les colonnes françaises descendues
l'Avigliana et de Pignerol, et que d'autres défendraient
:ontre l'ennemi venant de la Rivière du Ponant les positions
.uccessives que présentent les Langhe.

Nous ne contestons pas qu'une victoire complète, rem-
)ortée dans ces conditions par l'armée italienne sur la masse
:entrale de l'invasion, ne fût pour elle un grand résultat

et ne lui permît ensuite de se porter ou sur le Pô ou dans les Langhe, pour y attaquer avec chances de succès une autre des masses ennemies. Nous croyons toutefois que, durant les opérations qui précéderaient cette victoire, et jusqu'à la défaite complète de cette masse centrale, la position de notre armée serait excessivement critique ; car la ligne du Pô, assaillie par des forces supérieures, ne résisterait pas longtemps, et nous serions par cela même exposés, d'un moment à l'autre, au danger imminent de voir apparaître sur nos derrières et sur notre flanc droit les forces de l'aile gauche de l'adversaire. D'autre part, tout progrès fait par l'aile droite de celui-ci dans les Langhe menacerait de plus en plus en plus notre flanc gauche et la ligne de retraite de notre armée.

Peut-on raisonnablement supposer que dans de telles conditions, l'envahisseur commît la faute d'engager à fond sa propre masse centrale avant que ses masses latérales fussent à portée d'entrer efficacement en action ? N'est-il pas plus vraisemblable qu'il tâcherait de gagner du temps et d'éviter un combat décisif, tout en cherchant à attirer de plus en plus sur lui le gros de nos forces, et enfin en se repliant sur la position de Borgo San Dalmazzo quand il ne pourrait plus tenir la plaine sans se compromettre? Ce n'est pas que l'exécution de ce plan n'offrît des difficultés ; mais, nous le répétons, il a toujours été possible, dans le passé, à des armées de 100.000 hommes de se dérober à une action décisive quand elles ont cru devoir le faire dans l'intérêt général de leurs opérations.

Que deviendrait alors l'armée italienne lorsque, prise entre les deux ailes ennemies, elle aurait laissé passer le moment opportun, soit pour commencer sa retraite, soit pour tourner ses efforts contre une autre des masses opposées? Il est facile de s'en rendre compte en jetant les yeux sur la carte.

Une troisième hypothèse sur l'emploi que nous ferions des lignes intérieures, est celle dans laquelle nous attaquerions d'abord les forces ennemies débouchant d'Avigliana et de Pignerol. Ici encore rien dans les conditions topographiques du pays ne s'opposerait à ce que nous n'obtinssions une victoire complète, susceptible d'exercer une influence décisive sur l'issue de la tentative d'invasion. Mais, pas plus que dans les hypothèses précédentes, on ne peut admettre que l'ennemi fût assez simple pour exposer une de ses masses à une défaite complète avant que les autres se fussent suffisamment rapprochées pour lui prêter appui. A peine averti de la présence de forces italiennes supérieures, il prendrait ses dispositions pour éviter une lutte décisive, et s'il ne pouvait y réussir autrement, il se replierait sur les positions de Rivoli et de Pignerol. Pendant ce temps sa masse centrale, en s'avançant, faciliterait la marche de l'aile droite venant de la Rivière du Ponant, et la réunion de ces deux masses sur les rives du Tanaro mettrait bien vite l'armée italienne dans une position des plus difficiles. En effet la ligne de retraite de celle-ci par la rive droite du Pô serait occupée, ou tout au moins menacée de très-près par l'ennemi, et pour la reconquérir, il lui faudrait tourner le dos à Rivoli et à Pignerol, d'où l'ennemi, promptement averti de ce mouvement, soit par ce qui se passerait sous ses yeux, soit par des informations télégraphiques qui lui arriveraient de la vallée du Tanaro, ne manquerait pas de reprendre l'offensive. Dans cette situation critique, l'armée italienne pourrait même voir sa ligne de retraite, sur la rive gauche du Pô, si ce n'est fermée, du moins inquiétée par la colonne descendant de la vallée d'Aoste, dans le cas où celle-ci aurait pu vaincre la résistance du fort de Bard.

Nous n'avons pas la prétention d'avoir ainsi épuisé tous les plans d'opérations possibles dans la haute vallée du Pô;

mais nous croyons avoir examiné les principaux, jusqu'au moment où l'issue de quelque grande action de guerre viendrait imprimer aux événements une marche désormais impossible à prévoir.

Que jusqu'à ce point le développement successif des opérations de l'envahisseur puisse être calculé avec une certaine approximation, c'est chose évidente, car les objectifs qu'il doit avoir en vue sont connus. Sa marche pour les atteindre ne serait sans doute pas exempte de difficultés, mais il pourrait triompher de ces difficultés grâce à un plan de conduite méthodique, en faisant au début avancer ses différentes masses avec beaucoup de circonspection, et en les poussant ensuite résolûment en avant dès que l'une d'elles serait menacée par des forces supérieures. C'est ainsi qu'opéra en 1866 l'armée du prince Frédéric-Charles, aussitôt que l'état-major général à Berlin eut acquis la certitude que la majeure partie de l'armée autrichienne se trouvait réunie en face du prince royal.

Le commandant en chef de l'armée italienne aurait à surmonter de bien plus grandes difficultés pour sortir victorieux de la situation excessivement tendue où il se trouverait. La moindre erreur de temps ou de direction pourrait l'exposer à une catastrophe. Qu'on se rappelle encore une fois comment, dans des conjonctures analogues, le général Benedek, qui avait cependant donné tant de preuves de force de caractère et s'était à bon droit acquis la réputation d'un homme de guerre des plus distingués en Europe, s'égara au point de conseiller à son souverain de faire la paix avant d'avoir livré une bataille décisive, et que dans des situations semblables le génie et la fortune de Napoléon non-seulement ne lui donnèrent pas la victoire, mais même ne purent sauver son armée d'une complète destruction.

CHAPITRE III

La résistance dans la zone alpine considérée comme un élément capital de la défense de notre frontière occidentale.

Sommaire : Discussion des objections qu'on peut élever contre le système consistant à élargir le champ de manœuvre de la défense de manière à y comprendre le versant italien des Alpes occidentales. — Résultats que peut raisonnablement viser l'Italie ayant à se défendre seule contre la France. — La résistance dans l'intérieur de la zone alpine ne peut de nos jours prendre le caractère d'une défense en cordon. — Avantages d'une énergique défense alpine considérée comme un simple moyen de retarder l'invasion. — Examen des conditions générales du versant italien des Alpes occidentales. — Opportunité de grouper les principales vallées en échiquiers spéciaux de manœuvre. — Répartition des forces italiennes entre la défense intérieure de la zone alpine et la réserve générale de la plaine. — Nécessité d'augmenter les cadres de l'armée italienne pour la mettre en mesure de faire face à toutes les éventualités de la lutte. — Discussion des objections qu'on peut faire contre l'accroissement des troupes alpines. — Examen des mesures de mobilisation qu'il conviendrait d'adopter pour rendre possible une défense énergique de la barrière alpine.

L'étude que nous avons faite des conditions auxquelles serait soumise la manœuvre de l'armée italienne opérant par les lignes intérieures contre une invasion simultanée dans la plaine du Pô, a montré, croyons-nous, que si cette manœuvre offre peu de chances de succès, c'est surtout à cause de l'espace restreint sur lequel elle devrait s'exécuter, et du peu de valeur défensive des obstacles que présente cette région.

Si l'on se reporte aux considérations que nous avons précédemment développées, on peut en tirer l'une ou l'autre des deux conséquences suivantes : ou il faut renoncer à disputer à l'ennemi l'accès de la haute vallée du Pô et prendre dès le début pour base de la défense, le cours de ce fleuve depuis le défilé de Stradella jusqu'à son embouchure, ou bien il faut élargir sur le haut Pô le théâtre d'opérations de la défense, de manière à faciliter ses mouvements et à embrasser les obstacles qui peuvent lui servir d'appui contre les diverses masses envahissantes.

Cet abandon immédiat de la barrière alpine et d'une partie considérable de notre territoire trouverait, croyons-nous, peu de partisans. Par contre, beaucoup ne se résoudraient que malgré eux à prendre le second parti, celui qui consiste à porter dans l'intérieur des vallées alpines la première défense active. Dans l'opinion de ces derniers, ce serait se laisser entraîner à la guerre de cordon, et quand bien même elle permettrait d'arrêter l'invasion, elle ne pourrait conduire qu'à des résultats négatifs, les grandes batailles dans la plaine donnant seules des solutions promptes et décisives.

Voyons, d'abord, cette seconde objection.

Il y a une maxime de guerre ancienne et élémentaire qui veut que, sauf le cas d'une situation stratégique fausse d'où l'on ne peut sortir que par un coup désespéré, on ne doit engager une action décisive que lorsqu'on a la probabilité de vaincre et que les fruits probables de la victoire surpassent les pertes qu'on aurait à subir en cas d'insuccès. Or, en supposant, dans la situation que nous avons examinée plus haut, les chances de victoire égales de part et d'autre, peut-on penser que les avantages que nous recueillerions vainqueurs surpasseraient les dommages que nous éprouverions vaincus !

Supposons que nous soyons battus : notre armée, en admettant même que toutes ses parties aient pu échapper à l'enveloppement ennemi, sera forcée de se replier jusqu'au défilé de Stradella, abandonnant le Piémont et la majeure partie de la Ligurie, et laissant exposés à l'invasion une partie de la Lombardie et Milan. Nous ne croyons pas, quant à nous, que la défaite de l'armée de première ligne et la perte de la haute vallée du Pô dussent mettre l'Italie dans l'impossibilité absolue de prolonger la lutte et la contraindre à subir la loi du vainqueur, si dure qu'elle pût être. L'exemple de la France en 1870-1871, bien loin de nous faire considérer comme inutiles les efforts généreux d'un peuple réduit à l'extrémité, mais qui combat encore pour l'honneur national, nous paraît digne d'être suivi par une nation qui aspire à être respectée dans le malheur et à en sortir retrempée. D'autre part, la résistance à outrance dans l'intérieur du territoire peut, dans des circonstances déterminées, donner le temps de se produire à des complications politiques défavorables à l'adversaire et qui permettent encore de sortir victorieux de la lutte. Mais, excepté dans le cas où cette éventualité viendrait à se réaliser, une victoire décisive obtenue par l'envahisseur sur le haut Pô influerait d'une manière invincible sur l'issue finale de la guerre. En effet, les passages des Alpes restant entièrement ouverts, l'envahisseur pourrait en peu de temps accumuler dans la vallée du Pô une masse de forces tellement supérieure à celles de la défense, qu'elle rendrait absolument impossible toute tentative de retours offensifs avec chance de succès.

Une victoire obtenue par nous dans les plaines du haut Pô entraînerait-elle pour nous des conséquences équivalentes ? Nous ne le croyons pas. La forme enveloppante de la ceinture des Alpes occidentales réduirait à bien peu de chose la possibilité de fermer la retraite à l'armée ennemie, ou même à une de ses parties, surtout si, comme on doit le supposer, celle-ci, avant de pénétrer dans la plaine, s'était assuré la possession des positions de débouché. Si l'on examine bien le champ de manœuvre que nous avons décrit plus haut, on voit que, suivant toute vraisemblance, notre manœuvre par les lignes intérieures, même couronnée de succès et suivie d'une série de victoires signalées, ne pourrait en réalité nous procurer d'autres avantages que de repousser les différentes masses de l'envahisseur vers leurs débouchés respectifs, débouchés qui, peu éloignés du champ de bataille, leur offriraient ces positions de refuge que nous serions obligés, nous, en cas de défaite, d'aller chercher en arrière du défilé de Stradella et du Pô moyen.

Les débouchés des Alpes limiteraient très-probablement notre poursuite, car, en voulant la pousser plus loin, nous devrions pénétrer de vive force dans la zone montagneuse, à travers les plus grandes difficultés et sans autre compensation que d'arracher, une à une et au prix de beaucoup de sang, à l'adversaire, les positions abandonnées par nous sans combat quelques jours auparavant. Cependant les moyens puissants dont dispose la France lui permettraient bien vite de remettre son armée en état de reprendre l'offensive, et cela peut-être même avant que nous eussions eu le temps de rejeter l'ennemi au delà de la frontière. Mais en supposant que, par suite de circonstances vraiment impossibles à prévoir, ce soit le contraire qui arrive et qu'il soit donné à nos troupes victorieuses de mettre le pied sur le territoire ennemi, est-il raisonnablement admissible qu'elles puissent y pénétrer assez avant pour atteindre quelque objectif important, tel que Lyon, ou seulement Chambéry ou Grenoble ? Pour peu que l'on connaisse les conditions militaires de la zone comprise entre notre frontière et le Rhône, pour peu que l'on réfléchisse que la France, même dans le cas, impossible selon nous, où sa première armée tout entière aurait été détruite dans la vallée du Pô, serait en mesure de nous en opposer une seconde d'égale force, entièrement composée de troupes de première ligne et soutenue en arrière par l'armée territoriale, on sera forcé de rejeter cette hypothèse comme irréalisable. Le résultat d'une victoire en plaine, dans une guerre que nous aurions à soutenir seuls contre la France, serait donc tout aussi négatif que pourrait l'être celui d'une résistance opposée à l'invasion dans l'intérieur de la zone alpine.

Il n'y a pas de combinaison stratégique qui puisse remédier à cet état de choses; il est la conséquence inévitable de la configuration géographique de notre frontière et des degrés de force respectifs de la France et de l'Italie. Il ne pourrait se modifier que si la première de ces deux puissances tombait dans une véritable impuissance, et elle en est bien éloignée malgré ses défaites de 1870-1871. Quant à l'Italie, il faudrait que ses forces de terre et de mer atteignissent un développement qui, aujourd'hui et pour longtemps encore, serait certainement au-dessus de ses ressources financières. Tant que ces éventualités peu probables ne se seront pas réalisées, quel que soit le plan stratégique adopté par le commandement suprême italien dans une guerre où nous serions seuls contre la France, l'unique résultat que nous pourrons obtenir sera d'arrêter l'invasion et de prolonger la lutte assez longtemps pour que notre adversaire s'en retire soit par fatigue et par conviction de l'inefficacité de ses efforts, soit par suite de l'intervention diplomatique ou armée d'autres puissances.

L'objection d'après laquelle la défense, en comprenant la zone alpine dans le théâtre de ses opérations actives, s'exposerait aux inconvénients de la guerre de cordon, ne nous paraît pas beaucoup plus fondée.

En effet, ce système de cordon défensif a été appliqué dans les Alpes alors que, disposant de peu de forces et incertain de la direction de l'offensive ennemie, on voulait arrêter l'invasion dans la zone montagneuse, ce qui entraînait par conséquent à occuper toute l'étendue de la frontière. La faiblesse du défenseur eut alors cette double conséquence : d'abord, que les troupes destinées à la défense des différentes parties de la frontière se trouvèrent trop faibles pour opérer cette défense suivant un mode contre-offensif, et qu'elles durent se borner à occuper tous les passages et à les défendre avec ténacité, mais toujours passivement, contre l'ennemi; et, en second lieu, que l'armée entière étant à peine assez nombreuse pour cette tâche, il ne resta en arrière de la première ligne de défense que des réserves tactiques et stratégiques insuffisantes. Aussi, lorsque l'armée envahissante, dont l'effectif en combattants s'élevait bien rarement à 50 ou 60.000 hommes, après avoir fait des démonstrations sur tout son front et fatigué le défenseur en lui imposant une surveillance longue et pénib e dans des régions inhospitalières, prononçait, avec la masse de ses forces, son attaque contre le point de passsge unique qu'elle avait choisi, la défense courait le risque d'y être promptement vaincue et, ne pouvant y remédier faute de réserve, voyait sa ligne rompue. Alors, si l'envahisseur poursuivait énergiquement son offensive, il lui était facile de prendre à revers le reste du front de la défense et de battre séparément les forces disséminées de celle-ci.

Mais ce fait pourrait-il se reproduire sur notre frontière occidentale aujourd'hui que les armées opposées compteraient chacune de 250 à 300.000 hommes? L'envahisseur, obligé d'utiliser toutes ou presque toutes les routes carrossables des Alpes occidentales, pourrait-il encore, à l'aide de démonstrations faites sur toute l'étendue de la frontière, nous tenir dans l'incertitude sur la direction de son attaque et se jeter ensuite, avec la masse principale de ses forces, sur un seul des passages alpins? Et alors même que ce mode d'opérer fût possible et qu'il pût procurer des

avantages dans la suite des opérations, l'ennemi aurait-il
autant de chances que par le passé de s'emparer promptement de ce passage si, au lieu de le trouver occupé par
des troupes à peine suffisantes pour le défendre passivement,
il y trouvait en face de lui des forces capables d'une action
contre-offensive ?

Nous avons déjà fait observer que dans chacun des échiquiers de manœuvre des Alpes on ne peut employer utilement qu'une force déterminée, et que tout ce qui excède
cette force, loin d'être utile, augmente suivant une progres-
sion presque géométrique les difficultés logistiques et administratives.

Lorsqu'à l'aide d'études sérieuses faites pendant la paix,
la défense aura déterminé la force qu'il convient d'attribuer
à chacun de ces échiquiers pour en assurer l'énergique défense contre-offensive, lorsque, d'après cette base, elle aura
organisé chacun d'eux, soit en y élevant des fortifications
permanentes, soit en établissant des projets de fortification
éventuelle, soit en construisant des routes utiles pour ses
propres communications et en préparant la destruction de
certaines parties de celles qui serviraient à l'ennemi, soit en
créant des refuges et des magasins sur des points choisis
pour la réunion des troupes dans les hautes régions, lorsque enfin, et surtout, elle aura donné aux populations alpines
une forte organisation militaire; lors, dis-je, que par l'ensemble
de ces mesures, elle se sera créé la possibilité d'une énergique contre-offensive dans chacun des échiquiers, la défense pourra soutenir la lutte dans l'intérieur de la barrière
alpine avec des forces relativement restreintes et dans des
conditions beaucoup meilleures que celles de l'envahisseur.

Si l'on considère en effet le chiffre des troupes avec lesquelles, pendant les guerres du siècle dernier, les différents
échiquiers des Alpes ont pû être défendus; même lorsqu'ils

étaient attaqués avec une grande vigueur et par des forces considérables, on peut avancer qu'avec une organisation défensive telle que nous venons de l'indiquer, l'armée italienne serait aujourd'hui suffisante pour opposer dans la zone alpine une résistance puissante, peut être même insurmontable, en conservant en outre disponible dans la plaine du haut Pô une réserve générale de beaucoup supérieure numériquement à chacune des masses de l'envahisseur, dans le cas où celui-ci aurait réussi à forcer le passage et à déboucher en plaine.

Par exception seulement, et pour peu de temps, une partie de cette réserve générale pourrait être portée dans l'intérieur de la zone alpine pour renforcer les troupes des divers échiquiers et les aider à reconquérir des positions tombées au pouvoir de l'ennemi. Dans certains cas, cette intervention pourrait devenir indispensable pour empêcher l'envahisseur de se procurer successivement la faculté d'un débouché simultané. Mais à peine ce résultat obtenu, les troupes momentanément détachées de la réserve dans la zone montagneuse devraient rejoindre cette réserve, laquelle serait constamment disposée dans la plaine, de manière à pouvoir se concentrer rapidement en face des troupes ennemies qui, ayant surmonté la résistance des Alpes, se hasarderaient à en déboucher. L'existence de cette réserve générale ôte à la disposition que nous conseillons tout caractère de défense en cordon.

On doit prévoir, il est vrai, qu'ici encore l'ennemi fera son possible pour éviter qu'une partie de ses troupes puisse être battue dans la plaine pendant que le reste serait encore engagé dans la montagne et hors d'état de lui porter secours. Mais nous croyons cependant qu'il serait plus exposé à commettre cette faute dans les conditions que nous supposons que s'il n'avait rencontré qu'une faible résistance dans la barrière alpine. En effet, dans ce dernier cas il lui serait possible, moyennant un simple retard de quelques jours dans la marche des premières colonnes arrivées à proximité de la plaine, de se procurer l'avantage d'un débouché simultané, avantage auquel il n'est pas supposable qu'il renonce à la légère, tandis qu'en présence d'une défense énergique de la barrière alpine il ne pourrait l'obtenir qu'au prix d'un retard de plusieurs semaines et peut être de mois entiers, pendant lesquels sa situation pourrait devenir fort critique. On peut d'ailleurs, non sans quelque fondement, admettre que dans des circonstances données, et spécialement dans le cas où l'armée française essuierait dans un des échiquiers alpins un désastre comme celui qu'elle y subit en 1747 à l'Assietta, le besoin de donner satisfaction à l'opinion publique l'entraînerait à quelque tentative risquée. comme a été celle de Sedan en 1870, pour arriver promptement à une action décisive.

Mais laissant de côté ces éventualités favorables à la défense, ne serait-ce pas déjà pour celle-ci un très-grand avantage que d'obliger l'ennemi à employer beaucoup plus de temps pour obtenir la simultanéité de débouché? La réponse n'est pas douteuse si l'on songe qu'entre deux adversaires de force inégale, le plus fort n'a rien de mieux à désirer qu'une solution prompte et décisive, tandis que le plus faible a tout à espérer en gagnant du temps. De plus, en gagnant du temps, nous y gagnerions aussi de pouvoir pousser la mobilisation de la milice mobile assez avant pour en faire entrer en campagne une certaine quantité, organisée en divisions et même en corps d'armée. Les forces de la défense s'en trouveraient notablement accrues au moment de la crise, tandis que celles de l'ennemi, limitées alors par les conditions des Alpes et par les ressources de transport de sa marine ne recevraient pas une augmentation correspondante.

D'aucuns objecteront peut-être que la supériorité maritime de notre adversaire lui permettra de nous infliger pendant ce temps de graves dommages sur nos côtes, presque partout sans défense. Mais en lui prêtant même ce dessein, peu conforme aux lois de la civilisation moderne, ne pourra-t-il le réaliser, quel que soit le mode suivant lequel se développeront les opérations de terre? Avec la navigation à vapeur, il ne faut que quelques jours à une flotte maîtresse de la mer pour parcourir et dévaster tout le littoral du golfe de Gênes et de la mer Tyrrhénienne. Ce n'est pas en sacrifiant la défense de sa frontière terrestre que l'Italie pourra se mettre à l'abri de ce danger, c'est en se créant une marine de guerre, qui puisse lutter avec la marine française sur la Méditerranée, et en pourvoyant efficacement à l'armement de ses côtes.

Ce que nous avons dit jusqu'à présent pourra paraître peu fondé à ceux qui, envisageant seulement le grand développement de la barrière formée par les Alpes occidentales et le peu de profondeur de leur versant italien, ne se font pas une idée exacte de la durée que pourrait atteindre sur cette chaîne une résistance contre-offensive exécutée avec des forces proportionnées au but. Sans remonter aux longues luttes soutenues pendant les siècles passés dans l'intérieur des Alpes occidentales, alors que la guerre n'avait pas encore revêtu ce caractère fébrile que lui imprima la Révolution française et qui, depuis lors, n'a fait que s'accentuer de plus en plus, rappelons-nous seulement comment à la fin du siècle dernier, les armées républicaines, après s'être emparées d'emblée de la Savoie et du comté de Nice, firent, pendant deux campagnes entières des efforts infructueux pour surmonter la résistance qu'elles rencontrèrent sur le versant italien des Alpes et dans les montagnes de la rivière du Ponant. Et cependant personne n'ignore l'énergie et l'es-

rit d'abnégation de ces armées, non plus que les injonc-
ons et les menaces adressées de Paris à leurs généraux,
xposés eux-mêmes à monter sur l'échafaud non pas seule-
ent quand ils étaient battus, mais même quand ils n'avaient
as été suffisamment vainqueurs. On sait également que
ette résistance à l'invasion fut presque uniquement l'œuvre
es petites forces piémontaises, aidées de loin et peu effica-
ement par les Autrichiens et commandées par des généraux
hez qui, pour la plupart, l'âge et une longue paix avaient
teint presque toute énergie et toute aptitude au commande-
ent.

Mais sans recourir aux exemples de l'histoire, on peut se
onvaincre de l'efficacité défensive de la zone alpine com-
rise dans notre frontière occidentale, par le seul examen
ommaire de ses conditions topographico-militaires.

La frontière terrestre entre l'Italie et la France se déve-
oppe sur une longueur d'environ trois cents kilomètres me-
urés en projection horizontale et sans tenir compte des
etites inflexions du tracé. Elle est traversée par six routes
arrossables, dont l'une, celle de la Corniche, pénètre dans
otre territoire en côtoyant la Méditerranée, tandis que les
inq autres franchissent la ligne de faîte des Alpes et des-
endent dans les plaines du Piémont, suivant des directions
onvergentes.

Le parcours de ces routes dans la zone alpine, depuis le
oint où elles traversent la frontière jusqu'à celui où elles
ébouchent en plaine, varie entre soixante et quatre-vingts
ilomètres, sauf pour la route qui suit la vallée d'Aoste,
aquelle en compte environ cent vingt, du petit Saint-Bernard
Ivrée.

Outre les routes carrossables, un grand nombre de sentiers
t de chemins muletiers traversent la frontière en franchis-
ant des cols secondaires. Leur importance varie en raison

de leurs relations plus ou moins étroites avec les grandes voies carrossables. Ceux, en effet, de ces sentiers et chemins qui, traversant la ligne de faîte dans le voisinage des cols principaux, communiquent avec les vallées parcourues par les grandes routes, peuvent être considérés comme des auxiliaires de celles-ci, car ils en augmentent la valeur logistique et, venant tomber sur les derrières ou sur les flancs des positions occupées par la défense en face des principales colonnes ennemies, ils ont parfois une grande importance militaire, même au point de vue tactique.

Les autres en ont beaucoup moins. En effet, les troupes qui les suivraient, indépendamment des graves difficultés administratives qu'elles y rencontreraient, ne pourraient concourir efficacement aux opérations de l'invasion ; elles échapperaient bien vite à l'action du commandement suprême, attendu que, ne pouvant se relier avec lui ou avec les commandements intermédiaires que par des sentiers difficiles, elles ne recevraient les ordres que tardivement et peut-être après que le moment de les exécuter serait passé. Nécessairement de force restreinte, ces colonnes ne pourraient avoir pour mission de déboucher directement dans la plaine, mais plutôt de faciliter les progrès des troupes qui s'avanceraient sur les grandes routes, en menaçant les flancs de la défense. Mais les difficultés de liaison que nous avons signalées et le peu de praticabilité que présentent, en général, les contreforts qui séparent entre elles les vallées alpines et forment comme autant de traverses perpendiculaires à la frontière, rendent fort problématique non-seulement l'efficacité, mais même la possibilité de ces démonstrations.

Il en résulte que le front de la défense, même poussé jusqu'à la frontière, ne mesurerait pas comme celle-ci trois cents kilomètres ; mais qu'il se réduirait, tactiquement parlant, à la tête des vallées parcourues par les grandes com-

unications. Quant au reste de la frontière, il suffirait de le
ire observer par les milices territoriales alpines, auxquelles
n devrait dès le temps de paix donner une organisation
omplète, afin qu'elles constituassent dès le début une véri-
able levée en masse organisée, capable d'opposer de sérieux
bstacles aux opérations que pourraient tenter les détache-
ents de l'ennemi. Dans le fait, comment celui-ci s'expose-
ait-il à aventurer des corps de trois à quatre mille hommes
u delà de la ligne de faîte des Alpes, sur le versant italien,
ans des vallées resserrées, flanquées de montagnes difficile-
ent praticables pour ceux-là mêmes qui y ont grandi, alors
u'il saurait que les habitants sont en armes, prêts à tomber
ur les flancs et les derrières de ces petites colonnes ? Et
elles-ci n'ayant pas, en raison de leur faible effectif, les
oyens de couvrir leurs propres communications et ne pou-
ant, eu égard à la nature du terrain, être secourues par les
olonnes latérales, ne seraient-elles pas bien vite réduites à
attre péniblement en retraite? ne courraient-elles pas le
anger d'être contraintes, faute de vivres, à déposer les
rmes ?

Parmi les nombreux exemples qu'on pourrait citer à
'appui de ces assertions, nous nous bornerons à rappeler ce
qu'ont fait les milices piémontaises dans les guerres des
siècles passés; les populations du Tyrol, dans les guerres
napoléoniennes ; les habitants de Cadore en 1848, en 1864 et
en 1866 ; les gardes nationales de la Valteline, en 1866; les
Monténégrins dans leurs luttes contre la Turquie et les insur-
gés de la Sutorina, en 1869.

Le théâtre de la lutte étant ainsi réduit aux seules vallées
parcourues par les grandes voies de communication, la première question qui vient naturellement à l'esprit est de
savoir si chacune de ces vallées doit être considérée comme
un champ d'opérations complétement séparé, comportant

une défense propre et directe, ou s'il convient de les grouper en un certain nombre d'échiquiers plus étendus.

Nous croyons ce second parti préférable. Défendre chaque vallée séparément et directement conduirait presque forcément à une résistance passive, tandis qu'en faisant concorder les opérations défensives dans les vallées qui ont entre elles le plus de relations, ou du moins entre lesquelles on peut en établir le plus facilement, le défenseur tirera le plus grand avantage possible de l'emploi de la manœuvre et de la contre-offensive.

Un coup d'œil rapide sur la zone alpine dont il s'agit va nous montrer quelles sont les vallées parcourues par des routes carrossables qui peuvent être ainsi groupées en échiquiers.

En commençant par le nord, on voit facilement que ce ne peut être le cas des vallées d'Aoste et de Suse. Les routes carrossables qui les parcourent sont, au moment où elles franchissent la frontière sur la ligne de faîte, distantes entre elles de cinquante kilomètres environ en droite ligne ; mais à la moitié de leur parcours sur le versant italien, elles s'écartent jusqu'à quatre-vingts kilomètres, entre Bussoleno et Saint-Vincent. L'espace qui les sépare est occupé par les montagnes presque inaccessibles et couvertes de glaciers qui constituent le massif du grand Paradis, et sillonné par de nombreuses et profondes vallées qui n'ont, pour ainsi dire, aucune communication entre elles. Mesurée sur la route, la distance qui sépare leurs deux débouchés, Borgo Franco dans la vallée d'Aoste et Sant Ambrogio dans la vallée de Suse, n'est pas moindre de quatre-vingt-dix kilomètres. D'où il résulte que la vallée d'Aoste doit nécessairement former à elle seule un échiquier de manœuvre, lequel, ainsi que nous l'avons déjà montré, n'aura qu'une importance secondaire.

Complétement différentes sont les conditions qui existent

entre les vallées de Suse et de Fenestrelle. Les routes carrossables de ces deux vallées franchissent la ligne de faîte,
et en même temps la frontière, l'une au mont Cenis, l'autre
au mont Genèvre, à une distance, l'une de l'autre, de qua-
rante-cinq kilomètres en ligne droite ; et à leur débouché
dans la plaine, cette distance mesurée sur la route n'est plus
que de trente-cinq kilomètres entre Sant Ambrogio (vallée
de Suse) et Pignerol (vallée de Fenestrelle). Dans leur parcours à travers le versant italien, elles se rapprochent jusqu'à
dix kilomètres à vol d'oiseau entre Usseaux et Suse. Séparées,
d'abord, par les glaciers de l'Ambin, elles sont bientôt mises
en communication, entre Césanne et Suse, par la bonne route
carrossable d'Exilles et par de nombreux chemins de montagne qui coupent le contre-fort qui s'étend entre la vallée de
la Dora et celle du Clusone, depuis Césanne jusqu'au massif
de l'Orcière. A ce dernier point, le contre-fort se bifurque
pour former la vallée du Sangone. Il est d'ailleurs accessible en grande partie le long de sa crête et présente de
hauts plateaux propres à la réunion de nombreuses troupes.

Les vallées de la Dora-Riparia et du Clusone peuvent par
conséquent être considérées par la défense comme formant
un seul échiquier, limité au nord par la large zone montagneuse presque impraticable qui sépare les vallées de Suse
et d'Aoste, et au sud par la zone, aussi fort étendue, des
montagnes qui, partant du nœud du Viso, séparent d'une
manière sinon aussi complète, du moins également efficace
au point de vue militaire, la vallée du Clusone de celle de
la Stura.

L'impossibilité d'établir une étroite liaison entre les opérations qui auraient lieu dans ces deux dernières vallées
saute aux yeux lorsque l'on voit que la distance moyenne
des deux routes qui les parcourent est de 60 kilomètres, et
qu'elles sont séparées par cinq profondes vallées dans les-

quelles courent le Pellice, le Pô, la Vraita, la Maira et l
Grana, entre lesquelles il n'existe aucune communicatio
carrossable.

Mais s'il est impossible de relier efficacement les opér
tions de la défense dans la vallée de la Stura avec cell
des vallées de la Dora et du Clusone, en revanche ces opératior
ont une liaison nécessaire avec celles des vallées de la Roja
de la Vermenagna. La route de l'Argentière et celle de Tend
sont, il est vrai, à 60 kilomètres l'une de l'autre, en droi
ligne, lorsqu'elles franchissent la frontière, et entre les deu
s'élève l'âpre ligne de faîte des Alpes maritimes; mais ell
se rapprochent peu à peu à mesure qu'elles pénètrent dar
notre territoire, et elles finissent par se confondre à Borg
San Dalmazzo, au point même où elles débouchent dans
plaine. D'où il résulte que la marche de l'ennemi sur l'ur
de ces deux routes doit nécessairement exercer une influent
décisive sur les opérations de la défense dans l'autre. Borg
San Dalmazzo, nœud des routes de l'Argentière et de Tend
est en outre naturellement indiqué comme l'emplaceme:
des réserves spéciales de la défense, destinées à opérer s
ces deux routes.

Il en est tout autrement des relations qui existent ent
la route de Tende et celle de la Corniche. Toutes der
partent, il est vrai, de Nice, mais elles divergent à partir
ce point et conduisent l'une en Piémont, en franchissant l
Alpes maritimes; l'autre dans la Ligurie, en suivant la zo
resserrée qui s'étend entre la mer et le pied des montagne

La route de Tende et celle de la Corniche ne peuvent do
pas être comprises dans un même théâtre spécial d'opér
tions, et tandis que la première se rattache nécessaireme
au système de la route de l'Argentière, la seconde constitu
avec le littoral de la rivière du Ponant, un autre échiqui
sur lequel les troupes de la défense auraient à combattre

ıa fois les forces ennemies venant de Nice par voie de terre et celles que l'envahisseur chercherait à débarquer sur le littoral.

On aurait ainsi pour la défense intérieure de la barrière des Alpes occidentales quatre échiquiers distincts de manœuvre : celui de la vallée d'Aoste, celui des Alpes cottiennes, celui des Alpes maritimes et celui de la rivière du Ponant. Le premier n'aurait qu'une importance tout à fait secondaire, nous l'avons déjà dit ; les trois autres, au contraire, en auraient une très-grande et correspondraient précisément aux trois masses principales de l'invasion au moment du débouché de celle-ci dans la plaine.

Avant de passer à l'examen détaillé de chacun de ces échiquiers, cherchons à établir approximativement quelle force il conviendrait d'affecter à la défense intérieure des Alpes, en évitant les dispositions qui en feraient une défense en cordon.

Nous supposerons, comme précédemment, dans ce calcul, que deux corps d'armée soient destinés à la défense de la Péninsule et des îles contre les tentatives de débarquement de l'ennemi. Resteraient disponibles pour la défense de la frontière continentale huit corps d'armée, représentant une force de 240.000 hommes.

La condition indispensable pour l'exécution de notre plan de défense est, nous l'avons déjà dit, que notre réserve générale soit numériquement supérieure aux forces que l'adversaire peut faire déboucher simultanément des divers échiquiers de la zone alpine. Et cette supériorité doit être telle qu'en se portant contre l'une quelconque des masses ennemies, cette réserve ait en sa faveur les chances de la victoire.

Or la force maxima de chacune de ces masses, à son débouché dans la plaine, serait en moyenne de 100.000 hommes

Une réserve stratégique de 150.000 hommes, soit de cinq corps d'armée, suffirait donc pour assurer à la défense la supériorité dont il s'agit.

Ce jugement paraîtra d'autant plus fondé si l'on considère qu'en opérant contre une des masses ennemies, la réserve stratégique serait naturellement renforcée par les troupes déjà chargées de la défense de l'échiquier correspondant. De plus, l'infanterie des corps d'armée destinés à opérer dans la zone intérieure des Alpes pourrait seule y être employée en entier, tandis qu'une partie seulement de leur cavalerie et de leur artillerie y trouverait un emploi utile. La réserve stratégique recevrait par suite un renfort de ces deux armes, précisément celles qui dans notre armée sont dans des proportions inférieures aux besoins de la guerre de plaine. En tenant compte de ces deux faits, on peut conclure qu'avec trois corps d'armée chargés de la défense intérieure des Alpes, notre réserve pourra, au moment décisif, atteindre une force de 180 à 190.000 hommes, c'est-à-dire le double de la force que présenterait chacune des masses ennemies dans les premiers jours de son débouché dans la plaine.

Nous croyons, d'autre part, que trois corps d'armée, appuyés par les troupes alpines de première ligne, par la milice alpine de toute la frontière continentale et par la milice territoriale de la frontière menacée, suffiraient pour assurer une bonne défense à l'intérieur des Alpes occidentales.

Cette répartition de nos forces en trois corps d'armée pour la défense de la zone alpine et cinq corps d'armée pour la réserve générale en plaine, répond donc au but que nous nous proposons et que nous avons déjà défini. Mais il n'y répondrait plus qu'imparfaitement si, au lieu d'avoir à combattre seulement une des masses ennemies, nous devions faire face à la fois à deux de ces masses ; cette circonstance

ourrait, en certains cas, nous obliger à abandonner la bar-
ière alpine et à renoncer à la défense extérieure de notre
rritoire bien plus tôt que nous n'y eussions été contraints
vec une réserve générale capable de repousser cette double
taque. Il conviendrait pour cela d'avoir une réserve géné-
le d'au moins six corps d'armée, soit d'une force de
80.000 hommes, laquelle, grossie des armes à cheval
es corps d'armée employés dans les Alpes, et renforcée
1 moment décisif, par les troupes chargées de la défense
es deux échiquiers, constituerait une masse de 230 à
40.000 hommes.

Donc, si nous ne voulons pas réduire la force destinée à la
éfense intérieure des Alpes, il nous faudrait accroître d'un
 nombre des corps d'armée que comprend notre armée
tuelle. Nous préférerions toutefois adopter les propositions
1 major Perruchetti touchant le développement à donner
1x troupes alpines, et cela non-seulement au point de vue
onomique, mais encore et surtout parce qu'elles permet-
aient d'opposer à l'ennemi, dans l'intérieur de la zone
ontagneuse, un plus grand nombre de troupes recrutées
ns les Alpes mêmes, et bien supérieures par conséquent,
ns la guerre de montagnes, à celles recrutées sur le reste
 territoire.

A ce grand développement des troupes alpines on peut
ire deux objections principales : on peut craindre qu'en en
ossissant la quantité, on ne diminue la qualité des élé-
nts qui les composeront, lesquels seront moins aptes au
le hardi qu'on leur destine; et même en admettant qu'il y
 un grand avantage, dans le cas d'une guerre défensive, à
poser de nombreuses troupes alpines, on peut douter s'il
nvient de donner un grand développement à des troupes
nt le caractère paraît un peu trop spécial.

A la première objection nous répondrons qu'un mon-

tagnard qui, sans présenter des conditions de vigueur prop[re]
à le faire désigner d'office pour une troupe d'élite, est [ce]
pendant reconnu apte au service militaire, rendra, [en]
général, de meilleurs services dans la montagne qu'[un]
jeune homme, même plus robuste, mais qui est né e[t]
grandi dans la plaine et n'est point habitué aux conditi[ons]
cl matériques des hautes régions alpines.

D'un autre côté, comme nous avons dans chaque co[rps]
d armée des troupes d'élite pour les services qui réclam[ent]
une plus grande résistance dans les marches, nous pourri[ons]
former dans les troupes alpines des corps d'élite corresp[on]
dant aux bersaglieri.

La meilleure solution serait peut-être de constituer d[ans]
chaque bataillon alpin une compagnie d'élite destinée a[ux]
missions qui exigent le plus d'énergie et d'adresse. Te[lle]
était l'opinion du général Dufour, qui, parlant des trou[pes]
suisses entièrement recrutées dans la montagne, écrivait [ce]
qui suit, dans son livre sur la tactique :

« Nous devrions, outre les troupes légères qui sont at[ta]
chées à nos bataillons, créer des compagnies de coureu[rs]
composées d'hommes habitués aux montagnes, faits a[ux]
fatigues et capables de franchir en tout temps, en to[ute]
saison, les passages les plus difficiles et de faire ainsi q[ua]
rante-huit à soixante kilomètres en un jour, pour les por[ter]
sur les derrières de l'ennemi. » (Page 51.)

Et cette prétention de faire parcourir une pareille distan[ce]
en un jour, par une troupe de montagne d'élite, n'a ri[en]
d'exagéré, puisque nous pourrions citer des exemples hist[o]
riques ou de telles troupes ont franchi jusqu'à quatre-vin[gt]
kilomètres, en terrain de montagne, dans les vingt-qua[tre]
heures.

La seconde objection ne nous paraît pas plus fondée. [Il]
faudrait, pour l'admettre, supposer qu'une troupe formée

montagnards et constamment exercée en pays de montagne
ne puisse être utilement employée en plaine. L'histoire
démontrerait facilement la fausseté d'une telle opinion ; elle
ne saurait même conserver quelque apparence de raison
aujourd'hui que la tactique linéaire domine tous les com-
bats ; avec l'emploi sur une vaste échelle de l'ordre dis-
persé, avec la valeur qu'acquiert sur le champ de bataille
l'habileté individuelle du soldat, on peut tenir pour certain
que les bataillons alpins rendraient dans la plaine des services égaux, sinon supérieurs, à ceux du reste de l'infanterie.
Du reste, même dans une guerre offensive contre nos voisins
de l'est ou de l'ouest, ce serait encore pour nous un grand
avantage d'avoir de nombreux bataillons alpins.

En effet notre armée, pénétrant sur le territoire ennemi,
aurait à traverser, avant d'arriver dans les plaines du Danube
ou du Rhône, des régions montagneuses étendues, où il lui
serait fort utile de pouvoir former ses avant-gardes avec des
troupes spécialement propres à ce genre de terrain.

Ainsi que nous l'avons dit, en faisant entrer dans les
troupes alpines toute la population des Alpes italiennes,
nous pourrions, d'après les calculs du major Perruchetti,
porter ces troupes à l'effectif de cinquante mille combattants,
tant troupes de première ligne que milice mobile. Ces cinquante mille hommes pourraient au besoin se concentrer
sur la frontière menacée, en laissant encore vingt-cinq mille
hommes environ comme troupes de complément et comme
garnisons des forts d'arrêt. Si à ces cinquante mille hommes
répartis, d'après le major Perrucchetti, en vingt-cinq bataillons actifs et vingt-cinq bataillons de milice mobile, on
ajoute l'infanterie de deux corps d'armée sur le pied de
guerre soit quarante-huit mille hommes environ, et en outre
quelques compagnies du génie, un certain nombre de batteries de montagne, quelques batteries de campagne et quel-

ques escadrons pour le service de correspondance (1), or
aura une force de plus de cent mille hommes disponible
pour la défense intérieure des Alpes occidentales. Il resterai
encore six corps d'armée pourvus d'une proportion d'armes
à cheval supérieure à la proportion normale dans notre
armée, pour constituer dans la haute vallée du Pô une réserve générale de plus de cent quatre-vingt mille hommes,
susceptible de faire face à toutes les éventualités jusqu'au
moment où la barrière alpine tout entière serait tombée aux
mains de l'ennemi. On pourrait, en donnant à l'avance une
organisation sérieuse à la milice territoriale alpine, en la
soumettant à des exercices périodiques, accroître notablement les forces de la défense en y introduisant des éléments d'une grande valeur dans les guerres de montagne.

La proportion de milice territoriale correspondante à la
zone alpine qui touche à la frontière française est d'environ
quarante mille hommes, et d'après les calculs mis par le
général Ricotti à l'appui de son projet de loi sur la milice
territoriale, les trois quarts de cette force, soit trente mille
hommes, seraient disponibles en cas de besoin. Ajoutés au
chiffre qui précède ils constitueraient un total de cent trente
mille hommes, dont soixante-quinze mille de troupes de
première ligne, vingt-cinq mille de milice mobile alpine et
trente mille de milice territoriale alpine, appuyés sur les forts

_____

(1) Le général von Kuhn, dans son étude sur la guerre de montagne,
insiste sur l'utilité qu'il y a à exercer préalablement sur des terrains
montueux la cavalerie destinée à ce service et, à l'appui de cette
opinion, il cite d'après l'expérience qu'il en fit lui-même dans le Tyrol
en 1866, les inconvénients résultant de l'emploi en pays de montagne
d'une cavalerie exercée seulement dans la plaine. Peut-être devrions-
nous former des détachements de cavalerie recrutés en entier dans la
montagne, tant en hommes qu'en chevaux. L'Italie, d'ailleurs si pauvre
en chevaux d'armes, surabonde en chevaux propres à ce service
spécial et qui pourraient être ainsi utilement employés pour la défense du pays.

'arrêt et maîtres de formidables positions de montagnes, ontre lesquels l'ennemi aurait à lutter pour vaincre la résistance de la barrière des Alpes occidentales.

Pour qui connaît ces Alpes, il n'est pas douteux qu'une elle force ne soit proportionnée au but à atteindre. Mais e qui pourrait être mis en doute, c'est la possibilité de moiliser et réun.r à temps toutes ces troupes sur la frontière menacée (1).

Cette objection n'est pas aussi sérieuse qu'elle peut le araître au premier abord. En effet les forces destinées à la éfense intérieure de la barrière alpine se composeraient resque entièrement d'infanterie, c'est-à-dire de l'arme qui

---

(1) La nécessité de nous mettre en mesure de ne pas être prévenus ar l'ennemi dans les Alpes est prise en sérieuse considération par le iinistre actuel de la guerre. C'est dans ce but qu'a été introduite dans e projet de budget qui sera prochainement discuté au Parlement une roposition tendant à porter la force permanente des compagnies lpines à deux cent cinquante hommes. Cette proposition comme celle 'élever à trente-six le nombre des compagnies alpines, nous fait esérer une prochaine et complète organisation territoriale de la population militaire des Alpes. Nous croyons toutefois qu'au lieu de trenteix compagnies à l'effectif permanent de deux cent cinquante hommes. l serait préférable d'en avoir soixante-douze à cent vingt-cinq ommes sur le pied de paix. Ces soixante-douze compagnies opposeaient, au besoin, la même résistance aux tentatives que pourrait faire 'ennemi avant l'achèvement de sa mobilisation, pour s'emparer de ertains points de notre territoire ; elles seraient en outre susceptibles 'être portées en quelques jours à un effectif double par le rappel des lasses en congé. Si l'on songe qu'en raison de l'instruction spéciale ue doivent recevoir les troupes alpines, les cadres en officiers et ous-officiers des compagnies actuelles seraient insuffisants en temps e paix pour une force de deux cent cinquante hommes et qu'il faurait les augmenter de beaucoup, on comprendra sans peine qu'un ombre double de compagnies à cent vingt-cinq hommes seulement 'imposerait pas une charge sensiblement plus lourde aux finances de État. En tout cas, la faible augmentation de dépense qui en résulterait erait largement compensée par la faculté donnée aux troupes alpines e pouvoir, en peu de jours, doubler leur force encadrée, moyennant n développement qui s'écarterait peu des propositions du major 'errucchetti.

se mobilise le plus promptement. Quatre-vingt mille hommes de ces forces se recruteraient sur le territoire (vingt-cinq mille de troupes alpines de première ligne, vingt-cinq mille de milice mobile alpine et trente mille de milice territoriale alpine), ce qui faciliterait singulièrement leur rapide passage sur le pied de guerre. Il est évident, en effet, que la mobilisation des bataillons actifs alpins serait dans. les mêmes conditions que celle des troupes d'infanterie de l'armée française et que ces bataillons pourraient, par conséquent, être réunis en entier sur la frontière menacée avant que l'ennemi se trouvât en mesure de la franchir avec des forces considérables; tandis que pour s'opposer aux tentatives qu'il pourrait faire avec de petits détachements dès les premiers jours de la mobilisation, on disposerait des troupes alpines correspondant à la frontière, renforcées par des troupes d'infanterie qu'on pourrait transporter dans la montagne avant l'achèvement de leur mobilisation.

Si, en outre, on adoptait, dès le temps de paix, des dispositions spéciales pour la rapide mobilisation de la milice mobile et de la milice territoriale des Alpes, la proportion de ces éléments de défense correspondant à la frontière française pourrait, elle aussi, être mise sur pied en un temps très-court et être rejointe très-promptement par la milice mobile alpine du reste de la frontière continentale. Il faudrait, selon nous, pour cela, que tout ce qui est nécessaire pour la mobilisation des bataillons alpins et de milice mobile alpine fût conservé dans dès localités de la zone montagneuse, choisies de telle sorte qu'elles concordassent avec les emplacements que doivent d'abord occuper nos troupes, et qu'en même temps, soit par leur distance à la frontière, soit par leur force naturelle, elles fussent à l'abri des coups de main que l'ennemi pourrait tenter dans les premiers jours. Quant à la milice territoriale alpine, elle devrait être organisée par

mmune ou par mandement, comme autrefois la garde
ationale. Les exercices auxquels cette milice serait soumise
onsisteraient principalement dans le tir à la cible, auquel
articiperaient les hommes en congé des bataillons actifs et
e la milice mobile; ils prendraient ainsi le caractère de
oncours communaux et contribueraient à donner aux po-
ulations alpines un esprit éminemment militaire.

La prompte mobilisation des troupes d'infanterie destinées
 renforcer les troupes alpines offrirait sans doute plus de
ifficultés, car elles doivent recevoir les hommes en congé
es différents districts du royaume, lesquels ne pourraient
ejoindre leurs corps avec une égale promptitude. Il est hors
e doute cependant que si dans l'exécution du plan général
e mobilisation on faisait une exception à l'appel par classe,
u'on appelât d'abord les hommes en congé des régiments
estinés à la défense intérieure des Alpes et qu'on leur
onnât le pas, dans les chemins de fer, sur tous les autres
ransports, leur arrivée ne subirait que bien peu de retard
t la mobilisation de ces régiments pourrait se faire presque
ans le même laps de temps que celle des régiments français.
Nous croyons même que si elle en exigeait un peu plus, la
différence à notre désavantage ne dépasserait pas le temps
écessaire à l'envahisseur pour pousser sa propre mobilisa-
ion au point de pouvoir commencer de véritables opérations
ffensives. En tout cas, en destinant à la lutte dans l'intérieur
les Alpes les régiments les plus voisins de la frontière, on
ourrait, dès le début de la mobilisation, les porter dans la
zone alpine avec leur pied de paix et les y faire rejoindre
nsuite par les hommes en congé. En adoptant cette disposition, on aurait ainsi dans les Alpes occidentales, dès les
premiers jours de la mobilisation, les forces suivantes :

10 bataillons alpins actifs. . . . . 10.000 hom.
10 bataillons de milice mobile alpine. . . . 10.000 —
56 bataillons d'infanterie sur le pied de paix. 20.000 —
Milice territoriale alpine. . . . . 30.000 —

Total. . . . . . . 70.000 hom.

Cette force serait suffisante pour empêcher l'ennemi de pénétrer sur notre territoire dans le but de s'y emparer de certains points importants avant de commencer les opérations d'invasion, et elle pourrait être employée, au besoin, à prendre possession de ceux de ces points qui, situés sur le territoire ennemi à proximité de la frontière, seraient jugés d'une occupation avantageuse pour les opérations ultérieures. Successivement et à bref intervalle arriveraient les bataillons alpins actifs et de milice mobile des autres frontières, ainsi que les hommes en congé des régiments d'infanterie et de bersagliers destinés à la défense de la zone alpine.

Quant à l'artillerie de montagne, il serait à désirer que son personnel fût recruté dans les Alpes, en assignant à chaque batterie une zone de recrutement correspondante au terrain sur lequel elle serait probablement employée. Outre l'avantage d'avoir ainsi un personnel très-apte à ce service, on y gagnerait d'accélérer la mobilisation des batteries, puisqu'on l'opérerait dans la zone alpine, où déjà aurait été préparé le matériel et auraient été à l'avance assignés aux diverses batteries, les animaux de réquisition. Il ne serait pas plus difficile de mobiliser et transporter promptement dans les Alpes, un certain nombre de batteries de campagne en leur assignant les premiers chevaux de réquisition et les premiers hommes rappelés de congé. Enfin, les régiments de cavalerie stationnés à proximité de la frontière fourniraient immédiatement les quelques escadrons nécessaires pour le service de la correspondance.

Cet ensemble de mesures tendant à accélérer la mobilisation des troupes destinées à agir dans l'intérieur des Alpes, amènerait probablement un certain retard dans la complète mobilisation des corps destinés à former la réserve générale, mais ce retard serait sans inconvénient, la réserve n'étant appelée à entrer en action avec de grosses masses qu'après que l'envahisseur aurait réussi à surmonter, au moins sur quelque point, la résistance sérieuse qu'il aurait rencontrée dans les Alpes.

CHAPITRE IV

Examen de notre frontière occidentale. Mode de sa défense.

SOMMAIRE : Examen sommaire des différents échiquiers dans lesquels se décompose le versant italien des Alpes occidentales. — Echiquier de la vallée d'Aoste. — Echiquier des Alpes cottiennes. — Echiquier des Alpes maritimes. — Echiquier de la Rivière du Ponant. — Emploi de la réserve générale de plaine suivant les diverses éventualités qui peuvent se produire dans la défense de la barrière alpine. — Conclusion.

Passons maintenant en revue un à un les différents échiquiers des Alpes occidentales et examinons succinctement les conditions où se trouverait la défense sur chacun d'eux (1).

Nous avons déjà fait remarquer, à plusieurs reprises, que de tous ces échiquiers le moins important est celui de la vallée d'Aoste, soit parce que l'ennemi n'y peut avancer que

---

(1) Le lecteur militaire trouvera peut-être superficiel l'examen que nous faisons ici de la barrière des Alpes occidentales. Qu'il veuille bien remarquer que le but de cet examen est seulement de formuler des idées générales, et que, d'autre part, la délicatesse du sujet nous a déterminé à n'employer dans notre travail que des éléments qui sont déjà dans le domaine de la publicité.

par une seule route carrossable, soit en raison de l'ensemble des conditions précédemment exposées et qui font de cette route une ligne d'invasion peu efficace pour les Français. En même temps, cet échiquier est celui où la défense pourrait le plus facilement opposer, même avec peu de forces, à l'envahisseur des obstacles capables de rendre sa marche presque impossible. Couvertes sur leur droite par la neutralité de la Suisse et sur leur gauche par l'impraticabilité à peu près absolue des montagnes qui se rattachent au massif du Grand-Paradis, les troupes défensives pourraient de fait barrer presque hermétiquement cette ligne d'invasion en s'appuyant au fort de Bard et aux nombreuses positions que présente la vallée d'Aoste. Pour atteindre ce but, il suffirait, croyons, nous, de la milice territoriale de cette vallée, soutenue par 5 ou 6.000 hommes de troupes actives et de milice mobile avec un certain nombre de pièces d'artillerie.

L'échiquier des Alpes cottiennes présente un tout autre caractère. L'envahisseur y peut pénétrer non-seulement en suivant les deux grandes routes carrossables du mont Cenis et du mont Genèvre, mais encore en franchissant les nombreux cols secondaires qui existent sur la ligne de faîte, principalement dans le voisinage du col du mont Genèvre et qui ajoutent à la valeur logistique de ce col ; et cela avec d'autant plus d'efficacité que le surcroît de forces qui en résulterait pour la colonne du mont Genèvre trouverait une issue d'abord dans la route d'Exilles et ensuite dans la largeur de la vallée de la Dora-Riparia de Suse à Avigliana, largeur grâce à laquelle l'ennemi pourrait s'avancer sur deux colonnes dans l'intérieur de la vallée même. Il s'ensuit que l'invasion pourrait dans cette partie des Alpes occidentales s'effectuer avec des forces plus considérables que partout ailleurs, si l'on tient compte des deux lignes ferrées françaises qui débouchent à Modane et à Briançon.

Mais si l'échiquier des Alpes cottiennes offre à l'invasion de notables facilités logistiques, d'autre part il se prête très-bien à une énergique défense contre-offensive.

Du côté du mont Cenis, cette défense pourrait commencer au col même et même au delà si le défenseur réussissait à réunir à temps près du col des forces suffisantes pour les pousser au delà de la frontière. Au mont Genèvre la première défense ne pourrait s'exécuter sur le col que dans des conditions très-difficiles, tant parce que ce col se trouve, militairement parlant, dans les mains des Français qu'à cause du grand nombre des passages secondaires qu'il faudrait occuper et dont la prise par l'ennemi compromettrait les troupes du défenseur. Cependant, le contre-fort qui sépare la vallée du Clusone de celle de la Dora-Riparia et qui barre directement la route de Briançon à Pignerol, entre Césane et Sestrières, et indirectement la route d'Exilles, à quelques kilomètres de son entrée sur notre territoire, permettrait à la défense de s'opposer aussi de ce côté aux premiers pas de l'envahisseur.

En supposant que l'ennemi ait triomphé de la résistance sur le col, il serait immédiatement arrêté dans sa marche par les fortifications que l'on construit sur la partie sud-est du plateau voisin, et il serait contraint d'en entreprendre le siége, opération extrêmement difficile si, dans l'établissement de ces fortifications, on tient compte de l'élément contre-offensif et si le défenseur dispose de forces suffisantes pour ne pas être réduit à la défense passive.

Du côté du mont Genèvre, l'envahisseur, ayant réussi à surmonter nos premières résistances et obtenu ainsi la possibilité de s'avancer sur les deux routes qui conduisent à Exilles et à Fénestrelle, aurait à chasser la défense des montagnes qui s'élèvent entre ces deux routes. Or, le caractère de ces montagnes permet au défenseur de réunir sur leur crête des forces considérable, lesquelles, en tombant sur le flanc des colonnes ennemies marchant au fond de la vallée, pourraient leur créer de sérieuses difficultés et même leur faire essuyer de graves échecs; et la valeur qu'elles tirent de ce fait est telle qu'elle conseillerait de construire des ouvrages de fortification provisoire, ou même permanente, sur les points les plus importants, tactiquement parlant, aussi bien que de remettre en état les communications favorables à la contre-offensive et de préparer des magasins et des refuges sur les points probables de rassemblement pour les troupes de la défense. Celle-ci, ayant son rôle ainsi facilité, pourra opposer à l'ennemi une résistance longue et peut-être insurmontable.

Mais supposons encore que les colonnes envahissantes venant du mont Genèvre, soient parvenues à surmonter cette seconde résistance, elles se verront arrêtées une troisième fois par les forts d'Exilles et de Fénestrelle, dont le siége ne deviendrait possible que lorsqu'elles auraient complétement expulsé les troupes défensives du haut plateau de l'Assietta et des montagnes qui l'entourent. Et si la défense s'était à l'avance préparé les moyens de s'y maintenir à outrance, et si elle disposait de forces suffisantes pour faire de ce haut plateau le point de départ d'énergiques opérations contre-offensives, les difficultés que rencontrerait l'envahisseur seraient très-grandes. A peine est-il nécessaire de rappeler la brillante victoire remportée à l'Assietta par les Piémontais en 1747, et qui eut précisément pour résultat non-seulement d'empêcher les Français d'entreprendre le siége d'Exilles, mais encore de les forcer à se retirer sur leur propre territoire.

Une des choses qui contribueraient le plus à donner, pour la défense, une grande valeur au plateau de l'Assietta, serait la construction d'une route praticable aux voitures, qui le met-

rait en communication directe avec les fortifications de Fénestrelle, en rejoignant le fond de la vallée du Clusone, sur
e revers même de ces fortifications. Il conviendrait toutefois
le préparer avec soin les moyens de détruire cette route, au
moment où l'ennemi, devenu maître du plateau de l'Assietta,
e disposerait à entreprendre le siége de Fénestrelle.

Cette route, tout en assurant contre toute éventualité la
etraite des troupes du plateau, permettrait à la défense de
'y laisser en permanence que les forces nécessaires pour sa
éfense passive, et d'y faire monter, au moment opportun,
elles destinées aux opérations contre-offensives. Celles-ci, ce-
endant, trouveraient, dans le fond de la vallée du Clusone,
es localités plus favorables à leur établissement, tant au
oint de vue logistique et administratif que sous le rapport
es conditions atmosphériques.

L'influence de l'occupation du plateau de l'Assietta ne se
erait pas sentir seulement sur les colonnes françaises venant
u mont Genèvre, elle s'étendrait encore à la colonne du
ont Cenis, alors que celle-ci, devenue maîtresse des ouvra-
es qu'on y construit, serait descendue dans la vallée de la
ora-Riparia.

Alors même que l'envahisseur se serait emparé du plateau
e l'Assietta et aurait réduit les forts du mont Cenis, d'Exilles
. de Fénestrelle, le rôle de la défense dans les Alpes cot-
ennes ne serait pas pour cela terminé, car la vallée inter-
édiaire du Sangone, qui s'ouvre à peu de distance du pla-
au de l'Assietta, lui offrirait encore un puissant appui pour
rrêter les progrès de l'ennemi. Cette vallée, en effet, con-
itue un grand camp retranché naturel figurant un saillant
ont le sommet, formé par le massif de l'Orsière, est pres-
ue complétement impraticable, et dont les flancs, formés
r les deux chaînes qui partent de ce sommet, sont diffi-
les, et praticables seulement sur un petit nombre de points

facilement défendables, et dont la défense pourrait aiséme
s'assurer la possession par la construction d'ouvrages éve
tuels.

Ayant rassemblé ses forces dans ce camp retranché, le d
fenseur serait en mesure de prendre l'offensive contre
flanc droit des colonnes ennemies venant du mont Cenis
contre le flanc gauche de celles venant du mont Genèvre.

La position de barrage de la Torre del Colle, dans la va
lée de Suse, et celle delle Porte, dans la valle de Fénestrel
feraient partie intégrante du camp retranché du Sangone
devraient être fortifiées de manière à arrêter l'ennemi
front, tandis que, partant de la vallée du Sangone, les tro
pes mobiles de la défense attaqueraient en flanc ses c
lonnes.

Les travaux de mise en état des routes de montagne néce
saires pour faciliter ces opérations des troupes mobiles pou
raient s'exécuter, ainsi que les ouvrages de fortification pa
sagère dont nous venons de parler, pendant la période
mobilisation et pendant celle des premières opérations da
la zone alpine.

En même temps aussi pourraient s'exécuter, croyons-no
les travaux destinés à renforcer les positions de la Torre d
Colle et delle Porte, car ces positions n'auraient certaineme
pas à redouter une attaque sérieuse tant que la défense re
terait maîtresse de la vallée du Sangone et opérerait sa
relâche du haut en bas des attaques contre-offensives contre
flanc des colonnes ennemies. On pourrait citer de nombre
exemples du degré de force que peuvent acquérir les forti
cations éventuelles de ce genre lorsque le temps ni les br
ne font défaut. Le temps ne manquerait pas ici si la défen
était conduite avec énergie dans le haut de la vallée ;
bras non plus si l'on employait à ce travail les hommes
la milice territoriale de la plaine, lesquels pourraient ai

oncourir de la manière la plus efficace pour eux-mêmes à
a défense directe de leurs familles et de leurs biens.

Il y aurait une grande importance à construire une route
arrossable qui remontant la vallée du Sangone rejoindrait
irectement le plateau de l'Assietta. Cette route exigerait, il
st vrai, de grands travaux, mais elle pourrait très-avanta-
eusement remplacer celle dont nous avons parlé entre le
lateau de l'Assietta et Fénestrelle, et dans ce cas, on pour-
ait, on devrait même laisser de côté la construction de cette
ernière.

On pourrait élever une objection d'une incontestable gra-
ité contre notre proposition de faire de la vallée du Sangone
n camp retranché d'un caractère contre-offensif : c'est que si
ennemi parvenait à enlever une des deux positions de la
orre-del-Colle ou delle Porte, les troupes engagées dans cette
allée verraient leur propre retraite compromise. Mais cette
ojection perd beaucoup de sa valeur si l'on réfléchit à ce
le nous avons déjà dit de l'impossibilité presque absolue
une attaque sérieuse contre ces positions tant que la vallée
Sangone restera au pouvoir de la défense. Et en admet-
nt même que cette éventualité devint réalisable, on ne
urra méconnaître qu'elle perdrait beaucoup de sa gravité par
xistence d'une forte réserve générale comme celle dont
défense disposerait dans la plaine, ainsi que par l'existence
contre-fort de Cumiana, des collines de Rivoli et des lacs
Avigliana, obstacles que la défense pourrait utiliser pour
arder l'attaque de l'ennemi contre la gorge du camp re-
nché du Sangone, soit qu'il ait débouché par le défilé delle
rte, soit qu'il arrive par la Torre del Colle. Du reste, pour
hever d'écarter tout danger menaçant la retraite de ros
upes engagées dans cette vallée, il suffirait de fortifier, au
ins en partie, à l'aide d'ouvrages permanents, les positions
la Torre del Colle et delle Porte. Car un des caractères des

ouvrages de fortification permanente est précisément qu'o
peut prévoir à temps l'époque probable de leur chute ; ce qu
dans le cas présent, aurait l'avantage d'indiquer au défenseu
quand le moment serait venu, ou d'évacuer la vallée du Sar
gone pour se préparer à des opérations ultérieures dans
région des plaines, ou, suivant les conditions de la situatio
générale, de faire avancer une partie de la réserve généra
vers le débouché menacé pour en disputer la possession
l'envahisseur.

En examinant les conditions de la défense dans l'échiqui
des Alpes cottiennes, nous n'avons pas tenu compte (
l'influence que pourraient exercer, sur cette défense, l
opérations que l'envahisseur dirigerait, par les vallé
latérales, contre les flancs ou les derrières des positions o
cupées par le défenseur. Nous avons déjà dit, en thèse gén
rale, que des opérations de ce genre ne pourraient avo
une grande efficacité à cause des difficultés topographiqu
et administratives qu'elles rencontreraient lorsque la mili
territoriale serait organisée dans la zone alpine, de maniè
à constituer, au moment du besoin, une véritable levée (
masse. En ce qui concerne plus particulièrement cet éch
quier, il est manifeste que de telles menaces contre nos flan
et nos derrières seraient absolument irréalisables du côté (
nord, grâce à la nature inaccessible des montagnes q
s'étendent de la Roche-Melon au Grand-Paradis. Par contr
elles seraient relativement faciles du côté du sud, soit (
descendant les vallons de Thures et de Ripa, qui, se réuni
sant près de Bousson, donnent naissance à la Dora-Ripari
soit en descendant la vallée de la Germagnasca, qui rejoi
à Perosa celle du Clusone, soit enfin en franchissant l
monts qui séparent le vallon de San-Germano de celui d'A
grogna et dominent le défilé delle Porte. Sans doute, si l
forces de la défense étaient faibles et à peine suffisantes po

disputer passivement le terrain aux colonnes principales de l'envahisseur, ces mouvements pourraient avoir quelque importance, mais il ne saurait en être ainsi dans l'hypothèse admise par nous où la défense dispose d'effectifs suffisants pour soutenir une lutte contre-offensive. Dans ce cas, les détachements aventurés par l'ennemi dans de longs mouvements tournants se verraient eux-mêmes gravement compromis, sans pouvoir exercer une action réellement efficace.

Toutefois, dans la dernière phase de la lutte sur cet échiquier, l'occupation, par l'envahisseur, des montagnes qui dominent, du côté du sud, le défilé delle Porte, aurait une importance particulière, car elle rendrait extrêmement difficile la défense de ce défilé. Aussi pensons-nous que ces montagnes devraient être énergiquement défendues à partir de la cime du Truc, qui se trouve précisément à l'origine des vallons de San-Germano et d'Angrogna. La défense de ce massif montagneux pourrait s'effectuer sans distraire des opérations principales les forces destinées à opérer dans les vallées du Clusone et de la Dora-Riparia, car on pourrait en charger la milice territoriale de la vallée de la Luzerna, avec d'autant plus d'opportunité que c'est dans cette région que se déroulèrent en partie les luttes héroïques soutenues, dans les siècles derniers, par les populations protestantes de ces vallées, pour la défense de leurs croyances, luttes dont le souvenir est encore très-vivant parmi les Vaudois, aussi bien que leur aversion pour les Français, instigateurs des persécutions dont ils furent victimes.

Relativement à la position de la Torre del Colle, la possession du contre-fort de la Sella aurait une importance analogue ; il part du mont Civrari et, séparant le vallon de Sessi et celui de Messa, il pousse contre la Dora l'éperon qui constitue la position de la Torre del Colle. La défense de cette partie montagneuse pourrait également, sans enlever aucune force aux opérations principales, être confiée aux milices territoriales des vallées voisines de Lanzo, lesquelles auraient un intérêt particulier à cette défense, qui fermerait en même temps à l'envahisseur l'entrée de leurs vallées.

Pour l'exécution du système de défense de l'échiquier que nous avons jusqu'ici examiné, il suffirait, croyons-nous, de 30.000 hommes de troupes de première ligne et de milice mobile alpine, aidés par les milices territoriales des vallées de Suse et de Fenestrelle. Ce n'est point au hasard que nous fixons ce chiffre, mais bien en tenant compte de la défense locale dans chacune de ces vallées et de la force nécessaire pour former une réserve spéciale apte à opérer contre-offensivement en se portant de l'une à l'autre, suivant les circonstances. Il nous paraît suffisant, même pendant la dernière période de la lutte, c'est-à-dire quand celle-ci serait renfermée dans l'intérieur de la vallée du Sangone, à la condition cependant que, dès le commencement de la mobilisation, on se fût mis à l'œuvre pour transformer cette vallée en un camp retranché. Nous pensons que, à l'aide de ces moyens, la défense des vallées de Suse et de Fénestrelle pourrait être opérée dans de bonnes conditions, et, si elle était dirigée par un homme de guerre habile, qu'elle pourrait devenir insurmontable et même exposer l'envahisseur à des échecs sérieux.

L'échiquier des Alpes maritimes a quelque analogie avec celui des Alpes cottiennes. S'il n'offre pas à la défense la même facilité de manœuvre, il présente à l'invasion des obstacles topographiques encore plus difficiles à vaincre. La frontière, en effet, n'y suit pas constamment la ligne de faîte. Elle s'en détache au col de Colla-Lunga et enceint, dans le territoire italien, une partie des hautes vallées de la Tinée et de la Vesubia, ainsi que la tête et environ la moitié de la vallée de la Roja, de telle sorte que la ligne de faîte ie marque la limite des deux Etats que dans la partie qui comprend la tête de la vallée de la Stura.

Même sur cette dernière partie de la frontière, les avantages militaires sont pour nous, puisque la plus grande partie du plateau que forme le col de l'Argentière est en notre pouvoir, et que de là on domine, sur un long parcours, la route du versant français. Il est vrai que les conditions atmosphériques de ce col et l'absence d'abris pour y placer les troupes, en rendraient très-difficile une occupation quelque peu prolongée. Mais il n'en est pas moins vrai aussi que, durant les guerres du siècle passé, le col de l'Argentière fut occupé pendant un hiver entier par des troupes qui s'y créèrent des abris improvisés en y creusant de grandes tanières. En tout cas, les avantages qu'offre à la défense le col de l'Argentière sont tels qu'ils conseillent la construction de casernes défensives qui en assurent la possession et en permettent l'occupation permanente.

Si l'ennemi parvenait à s'emparer du col de l'Argentière, la défense trouverait, dans la vallée de la Stura, un second point d'appui aux Barricades, près de Bersezio, position illustrée par les guerres du dernier siècle. Sur cette position es Barricades, la défense pourrait être prise de flanc et à revers par des troupes ennemies venant des hautes vallées de la Maira et de la Tinée, ainsi que de la vallée même de Ubaye. Mais, pour y arriver, ces troupes devraient suivre es sentiers facilement défendables et ne pourraient, par conséquent, atteindre leur but que dans le seul cas où les troupes de la défense seraient insuffisantes pour garder les flancs et les derrières de la position.

Quant à un mouvement plus large ayant pour but de tourner la position des Barricades et qui serait tenté par l'envahisseur en partant de la vallée moyenne de la Tinée et en franchissant la ligne de faîte aux passages de Colla-Lunga, de Sant-Anna et de la Lombarda, la réussite en serait rendue très-problématique soit par l'éloignement de toute communication pour les troupes destinées à cette opération et par la difficulté d'établir l'accord entre leurs mouvements et ceux de la colonne principale, soit par le fait que ces passages sont entièrement compris dans notre territoire et peuvent, par conséquent, être facilement défendus par la milice territoriale de la vallée, soutenue, au besoin, par quelques fractions de troupes alpines. Nous répétons encore à ce sujet notre observation que les mouvements tournants de ce genre exécutés par de petits corps de troupe à travers de larges régions montagneuses, ne peuvent avoir que peu d'efficacité, lorsque les forces de la défense lui permettent d'agir contre-offensivement. Il est facile, dans ces conditions, de vérifier cette vérité qu'alors même que les forces tournantes atteignent le but qui leur a été assigné, elles se trouvent beaucoup plus compromises elles-mêmes que dangereuses pour le défenseur.

En supposant la position des Barricades enlevée par l'ennemi, celui-ci rencontrera un nouvel obstacle dans le fort de Vinadio. On sait comment ce fort peut être tourné par le col del Mulo et par le vallon de l'Arma, et comment, par conséquent, sa défense ne pourra être efficace que si l'on conserve la possession de ce col. Son occupation, nécessaire au point de vue de la défense passive, l'est encore bien plus au point de vue de la défense contre-offensive. On en descend en effet par deux routes de montagne dans le fond de la vallée du Sangone, sur Sambucco, à 12 kilomètres du fort de Vinadio. Le haut plateau qui forme le col del Mulo a donc, dans la vallée de la Stura, une importance égale à celle du plateau de l'Assietta dans les vallées du Clusone et de la Dora Riparia. Tant qu'il reste au pouvoir de la défense. et que celle-ci dispose de forces suffisantes pour agir contre-of-

'ensivement contre le flanc gauche de la colonne ennemie
venant de l'Argentière, les opérations de siége contre le fort
le Vinadio restent excessivement difficiles. Il convient d'a-
outer que le col del Mulo est en même temps un nœud de
communications entre la vallée de la Stura et celle de la
Maira, de telle sorte que son occupation avec des forces suf-
isamment respectables donnerait à la défense le moyen
l'appuyer la milice territoriale de cette seconde vallée, si
'ennemi tentait d'y pénétrer, ce qui assurerait le flanc sep-
entrional de l'échiquier spécial des Alpes maritimes.

Il faut remarquer enfin que, quoique la position du col
lel Mulo puisse paraître à première vue un peu aventurée,
es troupes qui l'occuperaient pourraient, au besoin, opérer
eur retraite soit par le vallon de l'Arma, si elles devaient
.e retirer avant la chute du fort de Vinadio; soit, suivant
es circonstances, par la vallée de la Grana, et par celle de
a Maira, si l'évacuation avait lieu après la chute du fort.

Pour rendre possible la réunion d'un corps de troupes im-
ortant au col del Mulo, il faudrait, comme sur toutes les ré-
ions de grande altitude, y construire à l'avance des abris
our les hommes et des magasins pour les vivres et les mu-
itions. Quant à fortifier le plateau par des ouvrages pour en
aire un bon pivot de manœuvre, on peut assurer que le
emps nécessaire à la mobilisation pour s'effectuer, et à l'en-
emi pour vaincre la résistance du défenseur au col de l'Ar-
entière et aux Barricades suffirait pour ce travail, pourvu
u'on employât ici aussi les hommes de la milice territoriale
e plaine.

Il est évident que, jusqu'à la chute du fort de Vinadio, la
léfense de la vallée de la Stura ne pourrait, en aucune façon,
e relier à celle des vallées de la Roja et de la Vermenagna,
ar suite de l'obstacle formé par une vaste étendue d'âpres
nontagnes. Elle pourrait seulement ressentir le contre-coup

de la lutte engagée dans ces deux dernières vallées, si cette lutte avait pour résultat de menacer le débouché de Borgo San Dalmazzo de tomber aux mains de l'ennemi. D'autre part, le fort de Vinadio étant tombé, la défense de la vallée de la Stura serait intimement liée avec celle des vallées de la Roja et de la Vermenagna, attendu qu'elle ne pourrait plus s'appuyer désormais que sur la position de Gaiola (Ponte dell'Ola), laquelle fait partie de la position de débouché de Borgo San Dalmazzo, et que la conservation de cette position intéresserait au plus haut degré même les troupes placées sur la route de Tende. Jetons donc un coup d'œil sur les conditions où se trouverait la défense sur cette direction de l'invasion.

Le col de Tende, comme chacun sait, est compris en entier dans le territoire italien, dont fait également partie la haute vallée de la Roja. La partie de la route comprise entre la frontière et le col se développe presque entièrement à travers de longs défilés facilement défendables contre des attaques directes, et qu'on ne peut forcer qu'en s'emparant des hauteurs latérales. Quant à la tête de la vallée de la Roja, elle est tellement escarpée qu'elle présente l'aspect d'une immense muraille, sur les parois de laquelle la route grimpe péniblement par de nombreux lacets entièrement découverts à la vue de celui qui occupe le col. Celui-ci, contrairement à ce que sont en général les autres cols alpins, n'a pas le caractère d'un vaste haut plateau propre à l'établissement de nombreuses troupes ; il est constitué, au contraire, par une crête étroite, et la route, descendant dans la vallée de la Vermenagna, est contrainte à parcourir de nouveau un versant abrupt, en continuant à se dérouler tortueusement sur un certain parcours. Cet ensemble de circonstances mettrait le défenseur dans des conditions assez peu favorables si la défense du col exigeait de nombreuses troupes. Mais heureusement la nature escarpée du versant méridional permet au défenseur de repousser directement, avec peu de forces, l'attaque de l'envahisseur, et ces forces pourraient, si ce n'est en totalité, du moins en grande partie, s'abriter dans l'hospice et les maisons de refuge qui se trouvent là.

La forme enveloppante qu'affecte la ligne de faîte des Alpes maritimes, depuis le mont Clappier jusqu'au mont Saccarello, entre lesquels passe la route du col de Tende, offre en outre de notables avantages pour la défense même du col. S'appuyant en effet, à l'ouest de la route, sur le col du Sabione et sur les autres cols de moindre importance qui font communiquer la vallée du Gesso avec celle de la Roja, et à l'est sur le col du Tanarello et sur ceux moins faciles qui eux aussi conduisent de la vallée du Tanaro dans celle de la Roja, la défense se trouvera dans des conditions favorables, non-seulement pour conserver la possession des hauteurs qui dominent la route avant d'arriver au col, mais encore pour opérer contre-offensivement contre les flancs des troupes envahissantes.

Les conditions de la ligne de faîte des Alpes maritimes correspondante aux têtes des vallées du Gesso, de la Vermenagna, du Tanaro et de la Roja, ne permettent pas non plus à l'ennemi l'emploi de larges mouvements tournants pour faire tomber la résistance du col de Tende. En effet, s'il tentait cette opération par la gauche, il aurait à franchir les cols très-difficiles qui se trouvent près des cimes âpres, rocheuses et élevées du Clappier et du Mercantourn, et ces cols, compris en entier dans notre territoire, ne pouvant concourir utilement à la défense du col de Tende, seraient faciles à rendre tout à fait impraticables, pendant la période de la mobilisation. Mais, alors même qu'on n'aurait pas pris cette précaution, il n'en pourrait résulter, en réalité, aucun tort

sérieux pour la défense, car les petites colonnes tournantes
de l'ennemi qui auraient franchi la ligne de faîte entre le
Clappier et le Mercantourn ne tomberaient pas directement
dans la vallée de la Vermenagna, sur les derrières de la vallée du col de Tende, mais bien dans la vallée du Gesso, et
leur situation y serait très-difficile sans y être bien menaçante pour nous, en raison des considérations déjà exposées
plus haut.

Du côté opposé, une manœuvre enveloppante serait encore
moins efficace. Les troupes que l'ennemi y emploierait vien-
draient en effet tomber dans la vallée du Tanaro, et, en descendant ensuite cette vallée, elles s'écarteraient de leur but;
ou bien, franchissant l'âpre contre-fort du mont Gioie, elles
descendraient dans les vallées de l'Ellero et du Pesio, d'où,
pour rejoindre la vallée de la Vermenagna, elles auraient
encore à franchir le très-difficile contre-fort de la Besimauda.
Il est inutile de démontrer l'impossibilité d'obtenir des résultats de quelque importance par de semblables mouvements
tournants.

Il est donc établi que le col de Tende est le plus défendable de tous ceux qui donnent accès dans nos vallées occidentales, et que, défendu contre-offensivement, par des forces
proportionnées à cette mission, il peut être considéré comme
presque infranchissable. Dans le cas seulement où la marche
des opérations, dans l'échiquier de la rivière du Ponant,
amènerait l'envahisseur à occuper fortement la haute vallée
du Tanaro, la défense contre-offensive du col de Tende perdrait de son efficacité, par suite de la difficulté des opérations du défenseur à l'est de la route. Ce fait n'ôterait pas au
défenseur la possibilité d'opposer une vigoureuse défense directe, son flanc gauche étant solidement protégé par des
montagnes d'une nature extrêmement difficile. En tout cas,
la construction d'un ouvrage de fortification permanente au

ol de Tanarello, comme complément des retranchements
'arrêt qu'on y élève aujourd'hui, accroîtrait incontestable-
nent la puissance défensive du col de Tende. En outre, pour
aciliter la défense contre-offensive de cette partie de l'échiquier des Alpes maritimes, il faudrait, sur les points proba-
les de séjour des troupes, établir des abris et des magasins,
t mettre en état les communications les plus utiles à
'action du défenseur.

Lorsque l'ennemi se serait emparé du col de Tende, la dé-
ense pourrait encore arrêter ses progrès en s'appuyant sur
es positions de Limone et de Vernante, et, en dernier lieu,
ur celle formée par le défilé de Roccavione. Cette dernière
osition constitue, avec celles de Gaiola et avec les hauteur
qui terminent le contre-fort, entre le Gesso et la Stura, la po-
ition de débouché de Borgo San Dalmazzo. Ces hauteurs
ont d'une importance capitale, car l'ennemi, en s'en ren-
lant maître, prend à revers les positions de Gaiola et de
Roccavione. Ce fait pourrait se présenter si l'envahisseur
arvenait à pénétrer dans la haute vallée du Gesso, soit en
ranchissant la ligne de faîte à la tête même de la vallée,
oit en suivant les sentiers qui font communiquer la vallée
le la Stura avec celle du Gesso, et ceux qui, de l'autre côté,
onduisent également de la vallée de la Vermenagna dans
elle du Gesso.

Pour disputer à l'envahisseur l'accès de la haute vallée du
Gesso, alors que la défense se serait repliée, par les grandes
outes sur les positions de Gaiola et de Roccavione, il fau-
lrait des forces considérables, lesquelles devraient être dis-
ersées sur une ligne fort étendue et seraient exposées à être
rises par l'ennemi, si celui-ci réussissait à s'emparer de la
osition de Borgo San Dalmazzo.

De cet ensemble de considérations, il résulte, pour la
léfense, la nécessité absolue de se borner à l'occupation

des dernières cimes du contre-fort, entre Stura et Gesso, en donnant cependant à cette occupation le plus grand caractère de solidité possible.

La commission pour la défense de l'État avait, dans ce but, proposé dans son premier projet, d'y construire une place. Cette proposition fut éliminée dans les projets réduits qui se succédèrent, et dans lesquels on partit de cette base, que la barrière des Alpes devait être considérée comme un moyen de retarder la marche de l'envahisseur, mais non comme un véritable obstacle à opposer à l'invasion.

Et cependant si l'on voulait, dans notre système de défense, donner à la barrière alpine l'importance que nous croyons qu'elle doit avoir, la construction d'une place à Borgo San Dalmazzo serait une véritable nécessité, et l'Italie devrait se résigner aux dépenses de cette construction, même quand elles dépasseraient les deux millions demandés par la commission de défense de l'État.

Une telle place suffirait à elle seule pour assurer la défense passive du débouché de Borgo San Dalmazzo ; mais, pour que cette défense pût être conduite avec ce caractère contre-offensif seul capable de lui donner une efficacité réelle et de lui promettre des résultats non pas uniquement négatifs, il faudrait que la partie de la vallée du Gesso comprise entre Valdieri et Borgo San Dalmazzo fût considérée comme une place d'armes, d'où les troupes de la défense partiraient pour tomber sur les flancs de l'ennemi, en franchissant les monts qui séparent cette vallée des vallées de la Vermenagna et de la Stura. Il faudrait, en d'autres termes, faire de la vallée inférieure du Gesso un camp retranché ayant le même caractère que celui du Sangone.

La disposition topographique du contre-fort qui sépare la vallée du Gesso de celle de la Vermenagna, à partir du Bec d'Orel et celle du contre-fort qui sépare la vallée du

ïesso de celle de la Stura, entre mont l'Arp et Borgo San
)almazzo, se prêtent très-bien à fermer des deux côtés ce
amp retranché de forme triangulaire, dont le front, tourné
ers la haute vallée du Gesso, serait formé par les monta-
nes qui se détachant du Bec d'Orel, constituent le flanc
roit de la partie inférieure de la vallée d'Entrague et par
e versant méridional du mont l'Arp. Ce côté du camp re-
ranché serait, il est vrai, ouvert dans le fond de la vallée
lu Gesso; mais l'occupation des flancs des hauteurs qui le
lominent, donnerait au défenseur la possibilité de battre le
ond de la vallée et d'interdire la marche en avant de l'en-
iemi, avant que celui-ci se fût emparé de ces hauteurs. D'au-
re part, si on considère que les troupes envahissantes qui
·iendraient se heurter contre ce front ne pourraient être ni
iombreuses, ni munies d'une forte artillerie, puisqu'elles
lescendraient de passages montagneux très-difficiles, il res-
ort avec évidence que leurs progrès dans le fond de la val-
ée du Gesso, n'auraient d'autre résultat que de les compro-
nettre gravement, attendu qu'elles rencontreraient bien
·ite les forces supérieures de la défense, lesquelles auraient,
·n outre, l'avantage de pouvoir employer de l'artillerie de
.ampagne.

La nature âpre des montagnes laisserait bien peu à faire
i la main de l'homme pour donner au triangle Bec d'Orel,
— mont l'Arp — Borgo-San-Dalmazzo, une notable force
le résistance. Les travaux de fortification provisoire qu'il
:onviendrait d'y exécuter, et dont l'étude aurait été soigneu-
ement faite en temps de paix, se réduisant aux seuls points
le passage existant sur la périphérie du triangle, et aux
ibris et magasins pour les troupes, pourraient être opérés
lurant la période de mobilisation et la première période de
a défense alpine. En même temps, on mettrait en état les
·outes nécessaires pour donner au camp retranché la possi-

bilité d'exercer une énergique action contre-offensive, tant dans la vallée de Vermenagna que dans celle de la Stura. Ici non plus les bras ne manqueraient pas pour ces travaux auxquels on pourrait employer la milice territoriale de la plaine voisine, comme dans les vallées du Sangone et de la Stura. La mobilisation de cette milice pourrait être faite par les soins des communes et en très-peu de temps, car il ne s'agirait pas de l'habiller et de l'armer, mais seulement de lui fournir des outils.

L'existence du camp retranché de la vallée du Gesso crée-rait au débouché de l'envahisseur des difficultés très-consi-dérables, si la défense disposait de forces suffisantes pour y prendre une attitude contre-offensive, et ces forces ne cour-raient aucun risque de se voir fermer la retraite, car on pour-rait prévoir la chute de la place de Borgo San Dalmazzo assez à temps pour les retirer avant que le danger devînt imminent.

Quant au chiffre des forces nécessaires à la défense dans l'échiquier des Alpes maritimes, pour satisfaire aux diverses exigences que nous avons mentionnées, nous l'estimons à 20.000 hommes de troupes actives et de milice mobile, ren-forcés par la milice territoriale de montagne correspondante.

Le lecteur aura sans doute remarqué que le système dé-fensif proposé par nous pour l'échiquier des Alpes mariti-mes a le même caractère que celui précédemment développé pour l'échiquier des Alpes cottiennes. Dans l'un comme dans l'autre, l'élément contre-offensif ne doit jamais être perdu de vue. Il n'en est pas moins vrai, cependant, que la nature âpre et, en grande partie, impraticable des monta-gnes qui constituent ces deux échiquiers, tend à y faire pré-valoir, dans une certaine mesure, l'action strictement dé-fensive, dont l'action contre-offensive ne serait que l'auxi-liaire dans la plupart des cas.

A notre avis, le caractère de la lutte dans l'échiquier de la Rivière du Ponant devra être tout différent.

Quoique la nature des montagnes y soit en général fort âpre, elles sont cependant de beaucoup plus accessibles que dans les parties que nous avons jusqu'à présent considérées, les points de passage y étant beaucoup plus nombreux et plus faciles. Ce à quoi il convient d'ajouter que les Apennins ligures (1) ne s'élevant pas à une grande hauteur, leurs cimes ne se trouvent pas dans des conditions atmosphériques qui nécessitent, pour y faire séjourner des troupes, l'établissement d'abris préparés à l'avance, et que les formes arrondies et facilement accessibles de leur crête permettent d'y faire mouvoir des corps de troupes considérables en dehors des grandes voies de communication. Les Apennins ligures présentent ainsi, jusqu'à un certain point, le caractère d'un terrain de manœuvre, et, par conséquent, un système dans lequel l'élément défensif prévaudrait sur la contre-offensive s'adapterait mal à leur défense et entraînerait par la dispersion des forces, à une disposition en cordon. Le fait que dans cet échiquier, non-seulement la crête de la chaîne, mais encore tout le versant tourné du côté de l'invasion seraient au pouvoir de la défense, rendrait possible et très-efficace un système défensif uniquement basé sur une énergique contre-offensive tendant à acculer l'ennemi à la mer.

L'adoption d'un tel système défensif s'appuie également sur un autre ordre de considérations. Déjà nous avons fait voir que si l'envahisseur parvenait à s'établir sur la crête des Apennins, il nous serait excessivement difficile de l'en déloger, tandis que lui-même pourrait en partir avec avantage pour menacer la ligne de retraite dirigée de notre fron-

(1) Pour faciliter cette description, nous comprenons ici sous la dénomination d'Apennins ligures toute la région montagneuse qui s'étend à l'est du mont Saccarello.

tière occidentale vers la partie péninsulaire de l'Italie. L'occupation de la ligne de faîte des Apennins serait donc déjà en elle-même d'une importance capitale pour l'ennemi.

De plus, si celui-ci, maître de cette ligne de faîte rencontrait dans les Alpes une résistance énergique et qui lui parût insurmontable, il serait naturellement conduit à porter son effort principal dans la Rivière du Ponant. Tant qu'il ne sera pas maître de cette ligne, la position de ses troupes débarquées sur la côte ligure étant des plus précaires, il ne pourra en éloigner ses navires de transport, pressé qu'il sera de se ménager les moyens d'embarquer de nouveau ses troupes si les circonstances l'exigent. Mais du moment qu'il s'y sera établi et qu'il aura acquis la possession décisive de la mer, rien ne l'empêchera d'employer ces navires pour de nouveaux transports entre Marseille, Toulon et Nice, et notre littoral. Par suite, les 100.000 hommes portés par lui sur le théâtre spécial d'opérations de la Rivière du Ponant, soit par la route de la Corniche, soit par voie de mer, s'élèveraient successivement à 150 et même à 200.000 hommes, moyennant des déplacements rapides par chemin de fer ou par mer, ou par l'envoi de renforts venant de l'intérieur de la France.

Le fait que, pendant la guerre de Crimée, l'armée alliée a pu séjourner longtemps sur une côte déserte, à des distances beaucoup plus grandes des pays qui concouraient à sa formation, ne laisse aucun doute sur la possibilité de faire vivre une telle masse dans la Rivière du Ponant avec les ressources dont la France dispose.

D'autre part, le faisceau de routes qui conduit de la Rivière dans la vallée du Pô en franchissant les Apennins entre le col de Nava et celui de Masone (car, dans l'hypothèse que nous examinons, le front d'opérations de l'envahisseur pourrait et devrait même s'étendre jusqu'à ce dernier col), est suffisant pour permettre le mouvement d'une telle armée. Quelles seraient les conséquences de la marche de cette masse vers le Pô, il est facile de le comprendre, et il n'est pas moins facile de se convaincre que le seul moyen efficace de s'en garantir est d'empêcher, dès le début, par d'énergiques opérations contre-offensives, l'envahisseur de prendre solidement pied sur la côte et de s'établir sur la crête de l'Apennin.

Examinons maintenant dans quelle mesure le terrain se prête à cette manière d'opérer. Avant tout, on peut établir que les premières opérations dans la rivière du Ponant seraient forcément comprises entre le mont Saccarello et le mont Ermetta. En effet, les troupes ennemies venant en partie de la route de la Corniche, en partie par mer, auraient un intérêt capital à combiner leurs mouvements de manière à se prêter un mutuel appui en obligeant, si cela était possible, la défense à faire front simultanément des deux côtés sur un espace assez restreint. L'envahisseur cherchera donc à opérer son débarquement le plus près possible de la frontière, et il n'est pas supposable qu'il l'effectue vers Voltri, d'autant plus que ce point y serait peu favorable, en raison de la proximité de la place de Gênes, et que cette partie de la côte n'est pas non plus dans des conditions avantageuses pour l'exécution d'une grosse opération de débarquement. La rade de Vado, plus rapprochée de la frontière et qui se prête très-bien au débarquement simultané de forces considérables, serait, suivant toute probabilité, préférée par l'envahisseur.

Le débarquement une fois opéré à Vado, la première chose que tenterait l'ennemi, ce serait de s'établir sur la ligne de faîte des Apennins et de se mettre par sa gauche en communication avec les troupes venant par la route de la Corniche. Si en même temps il poussait sa droite vers Voltri en vue de s'emparer ensuite du col de Masone, il commettrait la faute de disséminer ses forces, et cette faute pourrait être mise à profit par la défense établie entre le mont Saccarello et le mont Ermetta, pour opérer contre-offensivement, sans avoir, elle aussi, besoin de s'étendre vers l'est.

Les conditions seraient tout à fait différentes si l'envahisseur, s'étant rendu maître de la ligne de faîte, voulait porter son effort principal dans la Rivière du Ponant. Mais c'est précisément ce que la défense doit empêcher d'une manière absolue, en se maintenant à tout prix sur la partie de la ligne de faîte comprise entre le mont Saccarello et le mont Ermetta, ou tout au moins, pour les raisons que nous expliquerons ci-après, entre le mont Galero au-dessus de Garessio et le mont Ermetta.

Du mont Saccarello au mont Ermetta, il y a, en projection horizontale, environ 80 kilomètres. La première de ce cimes est à 30 kilomètres de la côte environ ; la seconde à 10 seulement. L'élévation de la chaîne va en diminuant d l'ouest à l'est, de telle sorte que tandis que les cols de Nav et de San-Bernardo s'élèvent d'environ 1.000 mètres au dessus du niveau de la mer, le col de Cadibona n'atteint qu 500 mètres d'altitude. Il en résulte que la partie de la Ri vière du Ponant comprise entre le mont Saccarello, le mon Ermetta et la mer présente la figure d'un trapèze dont u des grands côtés, celui formé par la mer, est horizontal, tar dis que l'autre grand côté est, dans son ensemble, incliné d l'ouest à l'est, et que les deux petits côtés le sont encore d vantage du nord au sud, en descendant de la ligne de faî à la côte.

Dans cette région de la Rivière que nous examinons, partie orientale est, par conséquent, la plus accessible, tar dis que d'autres circonstances concourent à accroître la for de résistance de la partie occidentale. Dans celle-ci, en effet, les contre-forts, qui partent de la crête, descendent vers la côte suivant une direction oblique en formant les vallées transversales de la Pennavaira et de l'Arrosia. Il en résulte que les routes qui, d'Oneglia et d'Albenga, conduisent à Garessio sur le versant opposé de la chaîne, doivent franchir, la première, le contre-fort qui forme le flanc droit de la vallée de l'Arrosia; la seconde, le défilé de Zuccarello, avant d'atteindre respectivement les cols de Nava et de San Bernardo.

Il faut ajouter que la haute vallée du Tanaro ayant une direction parallèle à la ligne de faîte, ces deux routes, après avoir rejoint le fond de cette vallée, se trouvent en face d'une autre chaîne d'un caractère singulièrement âpre et rocheux et qui s'élève à une plus grande altitude que la ligne de faîte des Apennins même. C'est cette circonstance qui les force à se réunir à Garessio, point à partir duquel une seule route parcourt la vallée du Tanaro jusqu'à Ceva.

Dans la partie orientale de la région considérée, les courts contre-forts qui vont de la ligne de faîte à la côte sont, au contraire, perpendiculaires à l'une et à l'autre, et les routes qui les remontent, partant de Savone et d'Albissola pour rejoindre les cols de Cadibona et del Giovo, se bifurquent bientôt, la première à Carcare, la seconde sur le col même, donnant ainsi naissance à quatre routes qui parcourent une région de montagnes basses et facilement accessibles.

La partie la moins défendable de la Rivière du Ponant entre le mont Saccarello et le mont Ermetta est donc celle qui correspond précisément à la rade de Vado. En outre, la possibilité pour l'envahisseur d'y débarquer simultanément une force de 60.000 hommes lui permet d'opérer sur ce point pour ainsi dire par surprise. C'est par conséquent là que devra se porter de préférence l'attention de la défense, et la première répartition de ses troupes devra être faite de manière à lui permettre d'opérer en forces et dans le moins de temps possible entre le mont Settepani et le mont Ermetta.

Ces conditions seraient excessivement difficiles à réaliser si la défense, voulant opposer une résistance à outrance sur toute la longueur de la ligne de faîte, comprise entre le mont Saccarello et le mont Ermetta, devait, en outre, se mettre en mesure de porter rapidement ses réserves sur tous les points de cette ligne montagneuse étendue. Elle ne le pourrait faire, croyons-nous, qu'en prenant pour base de ses opérations contre-offensives la seule partie de la ligne de faîte comprise entre le mont Galero et le mont Ermetta. Il faudrait, pour cela, que Garessio, point de réunion des deux routes de Nava et de San Bernardo, fut renforcé par un système d'ouvrages détachés construits sur les montagnes environnantes et à cheval sur les deux routes.

La configuration topographique de la vallée du Tanaro se prête à l'établissement de ces ouvrages détachés qui devraient tout à la fois barrer les routes de Nava et de San Bernardo, et former un appui pour les troupes de l'extrême droite de la défense. Ces fortifications n'empêcheraient pas l'envahisseur de pénétrer dans la haute vallée du Tanaro par le col de Nava, mais cela ne lui offrirait aucun avantage réel pour les opérations dans l'échiquier de la Rivière du Ponant, car un mouvement tendant à descendre sur Mondovi et à tourner la résistance de Garessio en traversant le massif montagneux de la Chartreuse de Casotto, compris entre l'Ellero et le Tanaro, n'aurait, dans ce sens, aucune efficacité.

Dans la construction des ouvrages de Garessio, on devrait naturellement tenir compte aussi de l'élément contre-offensif, de telle sorte qu'ils pussent servir de base aux opérations tendant à repousser l'envahisseur de la haute vallée du Tanaro, alors que les résultats obtenus dans la partie orientale de l'échiquier permettraient à la défense de reporter sur la partie occidentale la majeure partie de ses forces.

Voyons maintenant comment se prêteraient aux opérations de la défense les conditions topographiques de la Rivière du Ponant entre le mont Galero et le mont Ermetta. Nous pourrions, pour les mouvements de nos réserves, utiliser la route Garessio-Ceva-Montezemolo-Carcare-Dego-Giusvalla-Col del Giovo. Mais cette ligne de communication, outre qu'elle est extrêmement longue, traverse plusieurs contre-forts et a le défaut d'être, sur certains points, plus éloignée de la ligne de faîte que les points correspondants de la route de la Corniche, suivie par l'adversaire. La nature extrêmement praticable de la crête de l'Apennin, entre le mont Settepani et le col de Montenotte permettrait, durant la période même de la mobilisation, et sans grande difficulté, d'établir une nouvelle ligne de communication pour la défense, laquelle suivrait précisément cette partie du tracé de la ligne de faîte. Partant du mont Settepani, cette ligne se prolongerait jusqu'à Calizzano par la bonne route carrossable qui conduit de Finale sur ce point, et depuis Calizzano jusqu'à Garessio, en franchissant le contre-fort qui forme le flanc droit de la vallée du Tanaro, lequel n'offre pas de sérieuses difficultés à l'établissement de bonnes communications entre ces deux points. Du col de Montenotte à celui del Giovo, la défense pourrait se servir, pour ses mouvements, d'abord de la route déjà existante et facile à mettre en état, qui mène de Montenotte à Monte-Invrea, et ensuite de l'excellente route qui conduit de Ponte-Invrea au col del Giovo. Outre l'avantage d'avoir un développement beaucoup moindre, cette ligne de communication aurait encore celui de se maintenir presque constamment sur la partie la plus élevée de la zone des opérations.

Disposant d'une telle ligne, la défense pourrait établir la

première répartition de ses forces en prenant pour bases les règles suivantes :

1° Opposer aux progrès de l'ennemi, sur la route de la Corniche, des forces peu considérables, en tirant parti, à cet effet, de la destruction des ouvrages d'art existant sur cette route et des parties de ces ouvrages qui peuvent facilement être rendues inabordables. La défense pourrait même construire des retranchements sur les points les plus importants de cette partie de l'échiquier.

2° Établir une active surveillance le long de la côte, au moyen de postes de signaux et de correspondance, et aussi, si la chose est possible, d'un réseau télégraphique.

3° Occuper les points du versant méridional des Apennins les plus favorables pour arrêter la marche de l'ennemi sur les trois routes carrossables qui mettent en communication la côte et la ligne de faîte, entre Finale et le col de Melogno, Savone et le col de Cadibona, Albissola et le col del Giovo, ainsi que sur les routes muletières que les troupes débarquées pourraient suivre avec avantage pour gagner la crête de la chaîne et s'y établir. La nécessité de renforcer ces points au moyen d'ouvrages provisoires a été reconnue dès les guerres du siècle dernier, et on en retrouve la trace dans les restes des tranchées de San Pantaleone, sur la route du col de Melogno, dans ceux, presque entièrement disparus aujourd'hui, de la redoute de Monte-Giuto, sur la bonne route muletière qui, de la Madonna del Monte, monte à Cadibona, et, enfin, dans ceux de la fameuse redoute de Monte-Negino, sur la route muletière qui, du sanctuaire de la Madonna, dans le Val de Letimbre, s'élève au col de Montenotte. Nous pensons que si, dès le temps de paix, on étudiait soigneusement le tracé de ces ouvrages éventuels, et si l'on préparait toutes choses pour leur construction et leur armement pendant la période de la mobilisation, ils pourraient non-seulement opposer à l'envahisseur une résistance de deux ou trois jours, telle qu'il la faut à la défense pour pouvoir concentrer ses réserves sur les points menacés de l'échiquier, mais même qu'ils pourraient fournir à cette défense d'excellents points d'appui pour ses opérations contre-offensives. L'importance de ces points est d'autant plus grande, qu'étant constitués, pour la plupart, par des cîmes qui dominent considérablement les contre-forts sur lesquels ils sont situés, leur possession donnerait aux troupes ennemies débarquées un premier appui et atténuerait l'inconvénient de leur établissement précaire, sur le court versant qui descend à la côte. Il est superflu de rappeler de nouveau, à ce sujet, l'influence qu'eut, dans la campagne de 1796, la résistance opposée par la redoute de Monte Negino à l'offensive des troupes autrichiennes commandées par Dargentau.

Après avoir ainsi organisé la première résistance contre les forces ennemies provenant soit de la route de terre, soit de la mer, la défense devrait répartir ses réserves sur la partie de la ligne de faîte comprise entre le mont Settepani et le mont San Giorgio, et, plus en arrière, dans la haute vallée de la Bormida de Cairo.

L'établissement des réserves sur cette crête des Apennins est rendu possible par la nature de cette crête, ainsi qu'en font foi les traces nombreuses de camps laissées par les guerres du siècle passé. Il satisferait, en outre, à la condition d'en assurer la possession contre toute éventualité, avantage d'une grande importance, puisque ces positions sont à portée immédiate de la rade de Vado, et à cette autre condition de permettre, après un bref espace de temps, à la défense d'employer simultanément la majeure partie de ses forces tant contre les troupes ennemies venant de la Córniche que contre celles venant de la mer.

À notre avis, la défense, après avoir pris ces dispositions, devrait se maintenir dans une attentive expectative, retardant, autant que possible, les progrès des forces envahissantes venant par la Corniche, sans se laisser entraîner à faire mouvoir ses réserves dans cette direction avant que la menace imminente d'un débarquement eût disparu, ou que les troupes débarquées eussent été repoussées par des opérations contre-offensives. La menace imminente d'un débarquement dans la Rivière du Ponant cesserait du moment où l'ennemi en aurait opéré un important sur quelque point de nos côtes insulaires ou péninsulaires, car, en admettant qu'il eut l'intention d'en effectuer un second dans la Rivière du Ponant, il s'écoulerait certainement plusieurs jours avant que cette opération pût se réaliser, puisqu'il faudrait y employer, en totalité ou en grande partie, le matériel qui aurait servi au premier débarquement. Cet intervalle pourrait être utilisé par la défense, pour prendre la contre-offensive contre les troupes venant de la Corniche. Si, au lieu d'être dirigé sur d'autres points de nos côtes, le débarquement était opéré par l'ennemi dans la Rivière du Ponant, la défense, dès qu'elle aurait acquis la certitude qu'il s'agit d'une opération sérieuse et non d'une simple démonstration, devrait se mettre en mesure d'opérer promptement contre les troupes débarquées, sans leur laisser le temps de prendre solidement pied sur la côte.

Avec la disposition supposée par nous, des réserves de la défense, celles-ci seraient en état d'agir contre les troupes débarquées entre Loano et Albissola, en partie vingt-quatre heures après leur débarquement, et, en totalité au bout de quarante-huit heures. Nous avons déjà parlé des débarquements qui pourraient être exécutés par l'ennemi, à l'est d'Albissola. Quant à ceux qui auraient lieu à l'ouest de Loano, il convient de remarquer que les troupes qui les auraient opérés entreraient dans le champ d'action des troupes venant par la route de la Corniche.

Pour préciser notre pensée, nous dirons qu'en supposant que les troupes actives et de milice mobile destinées à cet échiquier s'élèvent au chiffre de 45.000 hommes, on pourra certainement disposer, contre les forces débarquées, de 20 à 25.000 hommes après vingt-quatre heures, et après quarante-huit heures de 35.000 hommes au moins, soutenus par la milice territoriale. Les 10.000 hommes restant seraient nécessaires pour continuer à arrêter les progrès de l'ennemi dans la vallée du Tanaro, et pour occuper les points importants de l'échiquier, tels que le mont Settepani, dont la possession ne devrait pas rester abandonnée aux éventualités des opérations actives. Cette force serait certainement suffisante contre les troupes que l'ennemi aurait pu débarquer sur divers points de la côte, sauf, toutefois, la rade de Vado, où, comme nous l'avons dit, on peut mettre à terre, simultanément, 50 ou 60.000 hommes. Les deux voies ferrées qui débouchent à la station de San-Giuseppe, près de Carcare, permettraient, dans ce cas, de faire concourir aux opérations contre-offensives de la défense, non-seulement les forces précédemment assignées à cet échiquier, mais encore une partie des troupes de la réserve générale.

En prévision de cette éventualité, il conviendrait que des trains fussent tenus constamment prêts dans les stations les plus voisines des lieux de rassemblement des différents corps constituant la réserve générale. On sait que les deux voies ferrées dont il s'agit ne sont pas dans des conditions à permettre un mouvement considérable; toutefois, elles pourraient à elles deux transporter par jour 12.000 hommes d'infanterie, arme dont devraient exclusivement se composer les renforts à expédier dans la Rivière du Ponant, pourvu qu'aux forces déjà établies dans cette région on eût précédemment adjoint la cavalerie nécessaire pour le service de correspondance et la quantité d'artillerie de campagne dont la nature montagneuse du pays permet l'emploi.

La proximité où se trouve la station de San-Giuseppe de la ligne de faîte, et la facilité avec laquelle on y accède par la grande route du col de Cadibona, font que les troupes transportées par voie ferrée pourraient être considérées comme aussi disponibles que des troupes de réserve, au fur et à mesure qu'elles arriveraient. Aussi, peut-on admettre comme certain que l'ordre de départ leur ayant été donné par le télégraphe au premier avis du débarquement de l'ennemi, la défense pourrait, vingt-quatre heures après le commencement de ce débarquement, disposer pour opérer dans la direction de Vado, de 30 ou 35.000 hommes, et, après quarante-huit heures, de 50 ou 55.000 hommes, lesquels, pendant l'action, pourraient être renforcés par des arrivées successives. Une telle force, descendant de la ligne de faîte sur la rade de Vado par les divers contre-forts qui y aboutissent concentriquement et s'appuyant sur les ouvrages de fortification passagère, dont nous avons parlé, serait, croyons-nous, en mesure d'acculer à la mer un corps ennemi quelconque qui y aurait débarqué, et, alors même que ce résultat ne pourrait être immédiatement atteint, on obtiendrait, à coup sûr, celui d'arrêter, d'une manière absolue, les progrès de l'ennemi vers la ligne de faîte. L'arrivée successive des renforts mettrait ensuite et promptement la défense en état de frapper des coups décisifs les jours suivants.

Quoique vouloir prévoir l'issue d'une opération de guerre soit en général une chose assez risquée, on peut avancer, en ce cas, que la probabilité du succès serait toute en faveur de la défense. Quiconque étudie avec soin les conditions de notre frontière du côté de la France, ne peut se refuser à reconnaître que l'échiquier de la Rivière du Ponant est le seul où nous ayons la possibilité d'obtenir des résultats vrai-

nent décisifs dans la zone montagneuse, et il est facile
e comprendre quelle influence aurait sur l'issue de la
utte une victoire obtenue par nous dans ces conditions.
lotre adversaire, très-probablement, ne recommencerait
as une nouvelle tentative de débarquement, et les opé-
ations seraient limitées à des régions tellement âpres et dif-
iciles, qu'elles opposeraient à l'envahisseur des obstacles
uissants et peut-être insurmontables.

Quelque profondément convaincu que nous soyons qu'a-
ec le système de défense que nous venons d'exposer, les pro-
abilités de la victoire seront toutes en notre faveur dans la
Rivière du Ponant, nous croyons opportun d'examiner ici
hypothèse où notre contre-offensive serait repoussée et où
invasion réussirait à s'emparer de la ligne de faîte des Apen-
ins entre le mont Settepani et le mont Ermetta. Ainsi que
ous l'avons déjà dit, si une telle éventualité venait à se réa-
ser, la position de l'armée italienne se trouverait fort com-
romise, car des débarquements successifs mettraient bien
ite l'envahisseur en état d'opérer avec de grosses forces
ontre notre ligne de retraite, en descendant les vallées du
anaro, des deux Bormida et de l'Erro. Nous ne croyons pas
ependant que le seul fait de l'occupation de la ligne de faîte
e l'Apennin par l'ennemi dût nous faire renoncer à la ré-
stance dans l'intérieur de la zone alpine. Nous pensons au
ontraire que, dans ce cas, le commandement suprème ita-
en devrait, sans distraire de leur mandat les troupes desti-
es aux autres échiquiers de montagne, porter dans les
anghe les forces constituant la réserve générale, et tenter
ec elles de repousser l'ennemi de la crête de l'Apennin,
ant que les forces de celui-ci se fussent accrues au point
rendre vaine toute tentative de ce genre.' Quoique fort
due en soi, l'offensive directe contre l'ennemi maître de
tte crête aurait encore quelque chance de succès si la dé-

fense en avait conservé certains points importants moye
nant des ouvrages de fortification permanente capables p
eux-mêmes de résister pendant quelques jours, comme so
ceux que l'on projette d'y construire. Ce mouvement de
réserve générale vers la Rivière du Ponant exécuté dans
telles conditions ne présenterait pas les inconvénients q
nous avons précédemment signalés, car protégée par
résistance du reste de la barrière alpine, la défense n'a
rait à craindre ni pour son flanc droit, ni pour ses de
rières.

Lorsque enfin il deviendrait évidemment impossible
reconquérir la ligne de faîte de l'Apennin, le commandeme
suprême italien, en disputant pas à pas la région des Langh
pourrait donner le temps aux troupes engagées dans les éch
quiers des Alpes maritimes, des Alpes cottiennes et de
vallée d'Aoste d'opérer leur retraite sur la ligne Tessin-Str
della. Cette retraite devrait s'effectuer progressivement et
grande partie par les chemins de fer, ce à quoi se prêtera
admirablement le riche réseau ferré du Piémont.

En effet, si on laisse de côté les troupes destinées à l'éch
quier de la vallée d'Aoste lesquelles en raison de la gran
distance où elles se trouveraient des Langhe pourraient
retirer à marches ordinaires sur le Tessin par Ivrée et Verce
ou encore par Ivrée-Biella-Gattinara, on voit que les troup
dont il faudrait opérer l'évacuation s'élèveraient seuleme
à 50.000 hommes, dont 30.000 appartenant à l'échiquier d
Alpes cottiennes et 20.000 à celui des Alpes maritimes. C
derniers seraient relativement plus compromis que les autr
surtout si la défense avait pu se maintenir dans le voisina
de la frontière. Mais cependant on doit admettre que, mê
dans ce cas, leur retraite sur Alexandrie pourrait s'effectu
en trois ou quatre jours.

Effectivement, à peine le commandant de l'échiquier d

lpes maritimes aura-t-il reçu l'ordre d'évacuation, qu'il
ourra diriger sur la station de Cuneo les troupes composant
 réserve spéciale si elles ne se trouvent déjà dans le voisi-
age de cette ville. L'embarquement des troupes commencera
lus ou moins tôt suivant la distance à laquelle elles se trou-
eront ; mais en tout cas, comme on peut leur faire exécuter
ne double marche dans de bonnes conditions, en descen-
ant des routes à pente douce, on est fondé à croire que
embarquement à la station de Cuneo pourra commencer
ingt-quatre, ou au plus trente-six heures après l'ordre donné.
es autres troupes arriveront successivement le second et le
oisième jour, selon leur emplacement et le rôle qu'elles
uront à jouer en face de l'ennemi. Il suffit de jeter un coup
'œil sur la carte de cet échiquier pour se convaincre que,
ême opérée dans les conditions les plus méthodiques, l'é-
acuation des vallées de la Stura et de la Vermenagna n'exi-
era pas plus de temps, tandis qu'ensuite l'embarquement
es troupes serait protégé par les fortifications de Borgo San-
almazzo. On ne peut non plus mettre en doute la possibi-
té de transporter en trois jours par la ligne ferrée Cuneo-
lba-Alexandrie-Plaisance, 20.000 hommes, parmi lesquels
s armes à cheval se trouveraient dans une proportion très-
férieure à la proportion ordinaire. Il faudrait toutefois, pour
ssurer ce mouvement, préparer à l'avance le matériel de
hemins de fer nécessaire.

La possibilité de transporter en trois ou quatre jours à
lexandrie les troupes de l'échiquier des Alpes maritimes
tant ainsi démontrée, on doit considérer leur retraite comme
ssurée, car on ne peut supposer qu'en face de la résistance
pposée par les forces destinées dès le début à l'échiquier
e la Rivière du Ponant, renforcées par toutes les troupes de
 réserve générale, l'envahisseur puisse employer moins de
uatre jours pour s'avancer de la ligne de faîte de l'Apennin

jusqu'à être à portée d'intercepter la ligne ferrée Cuneo-Alba
Alexandrie-Plaisance.

Quant à l'évacuation de l'échiquier des Alpes cottienne
qui s'opérerait sous la protection des ouvrages de fortifica
tion permanente à construire d'après nos suppositions au
débouchés des vallées du Clusone et de la Dora-Riparia, ell
s'exécuterait dans des conditions encore meilleures. Il n
s'agirait ici, en effet, que du transport de 30.000 hommes
l'aide des deux voies ferrées Avigliana-Turin-Verceil-Novar
Milan, et Pignerol-Sangone-Asti-Alexandrie-Pavie, tout
deux plus éloignées de l'échiquier de la Rivière du Pona
que la ligne Cuneo-Alba-Alexandrie-Plaisance, et dont l'un
serait couverte par le cours du Pô.

De ce que nous avons dit jusqu'à présent il ressort, croyon
nous, d'une manière évidente que, grâce à un riche résea
ferré dans la haute vallée du Pô, l'emploi de nombreus
troupes à la défense des Alpes occidentales n'exposerait p
ces troupes à être coupées de leur retraite sur la ligne défe
sive Stradella-Tessin, même dans l'hypothèse la plus défa
vorable, celle où notre réserve générale ne serait pas en ét
d'empêcher l'ennemi de s'avancer de la Rivière du Pona
vers le Pô.

Dans l'examen que nous venons de faire des conditions
la retraite de ces troupes engagées dans la défense des Alp
occidentales, alors que la réserve générale serait impuissan
à arrêter les progrès de l'ennemi dans les Langhe, nous n'
vons pas tenu compte de la milice territoriale. Celle-ci,
effet, en raison de sa constitution spéciale, ne peut être en
ployée en dehors de son propre territoire.

Si cependant il était possible de réveiller dans les pop
lations alpines cet esprit militaire dont elles se sont montré
si vivement animées dans le passé, elles pourraient, en re
tant armées dans leurs montagnes, et en s'appuyant sur l

uvrages de fortification permanente no encore tombés au
ouvoir de l'ennemi, rendre, spécialement avec l'aide de
uelques petits détachements de troupes actives ou de milice
mobile, des services signalés, soit au moment de la retraite
es autres troupes, soit plus tard.

Tapies par petits groupes dans leurs retraites alpestres,
éunies en grosses bandes sur les hauts plateaux, elles pour-
aient encore, comme les anciennes milices piémontaises et
es levées tyroliennes d'André Hofer, inquiéter constamment
es communications de l'envahisseur avec sa base d'opéra-
ions et détruire les ouvrages d'art rétablis par lui.

Un service encore plus grand, impossible autrefois, mais
u'elles pourraient rendre aujourd'hui, serait de couper les
ls télégraphiques qui permettraient à l'ennemi de combiner
vec toute sécurité ses mouvements dans la plaine comme
'il opérait sous les yeux mêmes du général en chef.

Examinons maintenant quelles seraient les conditions de
a défense dans le cas où l'ennemi, ayant réussi à faire tom-
er la place de Borgo San Dalmazzo et à s'emparer de ce
ébouché, prendrait le parti de s'avancer en plaine par ce
ôté pour faciliter le débouché de ses masses engagées dans
es échiquiers des Alpes cottiennes et de la Rivière du Ponant,
n prenant à revers les troupes de la défense opposées à ces
nasses.

Il est évident qu'à peine cette tentative lui serait signalée,
e commandement suprême italien devrait nécessairement
orter sa réserve générale dans la direction de Cuneo, afin
'arrêter les progrès de l'ennemi avant que ceux-ci ne fussent
ssez prononcés pour faire sentir leur influence sur les
utres échiquiers. En face de ce mouvement des forces ita-
iennes, l'envahisseur renoncerait probablement à atteindre
on but et se replierait sur Borgo San Dalmazzo. Il pourrait
e faire cependant que la tension produite par la résistance

à outrance qu'il rencontrerait dans les Alpes et peut-ê
quelque échec partiel, fussent de nature à conseiller à l'e
vahisseur de tenter quelque coup décisif. Il en résulter
une bataille dans le haut Piémont, probablement entre Cun
et Savigliano.

Dans cette lutte, les chances de victoire seraient pour l'
mée italienne, car en réunissant à sa réserve stratégique
troupes destinées dès le début à l'échiquier des Alpes ma
times, elle serait en mesure de présenter sur le champ de l
taille une masse de forces de beaucoup supérieures à cel
que l'envahisseur pourrait faire déboucher de Borgo S
Dalmazzo, et elle n'aurait à craindre ni pour ses flancs
pour ses derrières, protégés par la résistance des Alpes co
tiennes et de la Rivière du Ponant.

Dans un seul cas l'issue de la lutte pourrait nous être dé
vorable ; ce serait celui où la réunion des corps constitua
notre réserve générale contre les forces ennemies débouch
de Borgo San Dalmazzo ne pourrait s'achever en temps opp
tun que partiellement. Il est facile de voir que dans ce c
la victoire de l'envahisseur n'aurait point ce caractère dé
sif nécessaire pour lui assurer des résultats sérieux, car
défenseur pourrait bien vite recommencer la lutte avec
nouvelles forces, et alors même qu'il ne le voudrait ou
le pourrait faire, la marche en avant de l'envahisseur
pourrait se poursuivre qu'avec une grande circonspection.

Par ce fait, les forces italiennes engagées dans les éc
quiers de la Rivière du Ponant et des Alpes cottiennes
seraient pas sérieusement menacées dans leur retraite sur
Pô moyen.

Examinons cependant, sans tenir compte de ces consid
rations, dans quelles conditions s'opérerait la retraite
ces troupes. Il est évident que la position de l'échiquier
la Rivière du Ponant est telle, relativement au débouché

an Dalmazzo, que les troupes qui y seraient employées ourraient se retirer sans être sérieusement compromises ar l'issue malheureuse d'une bataille livrée dans le haut iémont, laquelle aurait pour résultat de contraindre les éserves stratégiques de la défense à se replier sur Alba et oirino.

En effet, même en supposant que l'envahisseur ait remorté une victoire décisive et qu'il n'ait point à redouter ans un bref délai un retour offensif de l'armée italienne, n ne peut admettre qu'il puisse en moins de trois ou quatre urs menacer sérieusement la route ordinaire Carcare-cqui-Alexandrie et la voie ferrée qui la côtoie, lesquelles deux gnes de communication sont les plus occidentales de celles ar où s'opérerait l'évacuation de l'échiquier de la Rivière u Ponant. Et cela, tant en raison des conditions où se trouve près une bataille l'armée victorieuse elle-même, que parce ue la nature du pays entre la ligne Ellero-Tanaro et la allée de la Bormida orientale permet, même avec peu de rces, de retarder notablement un mouvement de l'ouest à est.

Dans cette même hypothèse, la ligne de retraite des troupes aliennes opérant dans les Alpes cottiennes serait plus expoe, car la ligne du Pô, entre Saluces et Moncalieri, ne serait e d'une faible ressource pour retarder le vainqueur dans marche du sud au nord. Nous croyons même que dans rtains cas, la défense devrait renoncer, pour l'évacuation la vallée du Clusone, à se servir de la route ordinaire et la voie ferrée Suse-Turin. Que la ligne Avigliana-Turin isse être menacée avant un délai de trois ou quatre jours, la paraît peu probable, car on ne peut admettre, quelque cisif qu'ait été le résultat de la bataille livrée dans le haut émont, que le vainqueur s'aventure d'emblée à se lancer tant vers le nord en présentant le flanc droit aux troupes

italiennes qui, retirées sur Alba et Poirino, seraient en mesure
renforcées par quelques troupes fraîches, de lui faire paye[r]
cher une telle hardiesse. Tout au plus, par quelques pointes
de cavalerie, l'envahisseur pourrait-il inquiéter la retrait[e]
des troupes italiennes d'Avigliana sur Turin.

Mais à ces attaques la défense pourrait facilement oppo[-]
ser sa propre cavalerie, qui, par suite de la nature du terrai[n]
dans le haut Piémont, n'aurait pu probablement prendr[e]
grande part à la lutte et, par conséquent, serait encore dan[s]
de bonnes conditions. Il est vrai que notre armée ne ren[-]
ferme qu'une faible proportion de cette arme; mais si l'o[n]
considère que, pour des raisons qu'il est superflu de rappeler
l'ennemi n'aurait pu faire déboucher, dès le début, qu[e]
quelques escadrons, on doit conclure que le rôle de la cava[-]
lerie italienne serait dans ce cas très-facile.

Quant à la retraite des troupes de la défense engagée
dans la vallée d'Aoste, on peut y appliquer les considéra[-]
tions développées dans l'examen de l'hypothèse qui pré[-]
cède.

Passons à l'hypothèse dans laquelle l'envahisseur, étan[t]
parvenu à s'emparer des débouchés d'Avigliana et de Pigne[-]
rol, chercherait à s'avancer de là dans la plaine pour facilite[r]
le rôle de ses deux autres masses opérant dans la Rivière d[e]
Ponant et dans les Alpes maritimes.

Ainsi que nous l'avons déjà dit, dans les Alpes cottienne[s]
l'ennemi peut agir avec des forces plus considérables qu[e]
dans les Alpes maritimes. Aussi la supposition que la réserv[e]
générale de l'armée italienne puisse avoir le dessous est-el[le]
dans ce cas moins dénuée de fondement que dans le cas pré[-]
cédent, sans cependant qu'on puisse la considérer comm[e]
très-fondée. En effet, en admettant que l'ennemi puisse dé[-]
boucher d'Avigliana et de Pignerol avec 120 à 130.000 hom[-]
mes, la réserve générale italienne, réunie aux troupes préc[é-]

demment affectées à la défense de l'échiquier, sera toujours notablement supérieure en force et aura, par conséquent, pour elle de plus grandes chances de victoire.

De toute façon, l'issue malheureuse d'une bataille livrée sur le Pô entre Saluces et Moncalieri ne pourra nullement compromettre la retraite des troupes italiennes opérant dans la Rivière du Ponant, pour les mêmes raisons qui font que cette retraite ne pourrait l'être par une bataille perdue dans le haut Piémont.

Il n'en est pas de même des troupes opérant dans les Alpes maritimes. Celles-ci pourraient se trouver dans une situation très-difficile si, au moment où la bataille aurait lieu sur le Pô, elles se trouvaient encore engagées fort avant dans la zone montagneuse; il suffit pour s'en convaincre de jeter les yeux sur une carte du Piémont. Le fait que la voie ferrée partant de Cuneo passe par Cavallermaggiore, c'est-à-dire tout près du théâtre supposé de la bataille, interdirait d'une manière presque absolue l'emploi de cette ligne pour l'évacuation des Alpes maritimes. On remédierait en partie à cet inconvénient en reliant directement par une voie ferrée Cuneo avec Mondovi et ensuite avec Ceva, Carcare et Acqui. Les conditions de la retraite de nos troupes partant des Alpes maritimes seraient encore plus améliorées si les vallées de la Stura et de la Vermenagna étaient parcourues par des voies ferrées; résultat probablement réalisable dans un délai peu éloigné, en raison des besoins du commerce, qui trouverait grand avantage dans une communication rapide entre le Piémont, le Dauphiné et Nice.

En tout cas, dans les conditions présentes, il conviendrait, croyons nous, que simultanément avec les mesures tendant à concentrer la réserve générale contre les masses ennemies débouchant des Alpes cottiennes, la défense prît des dispositions préparatoires concernant les troupes opérant

dans les Alpes maritimes, telles que de concentrer la plus
forte partie de ces dernières dans le voisinage de Borgo
San Dalmazzo. Elle devrait faire son possible pour conserver pendant la courte durée de la crise la possession de
ces points, qui, unis aux forts d'arrêt, pourraient faciliter
nos retours offensifs si le sort des armes nous était favorable
dans la bataille livrée sur le Pô.

L'importance de ce résultat est telle que pour l'obtenir
on ne devrait pas craindre d'exposer des troupes à être
sacrifiées dans l'hypothèse probable où à ce moment l'ennemi tenterait de gagner du terrain. En agissant ainsi,
en même temps que l'on conserverait la possibilité de disputer efficacement à l'ennemi, en s'appuyant sur la place
de Borgo San Dalmazzo, le débouché des Alpes maritimes,
et d'assurer les flancs et les derrières du gros de l'armée
engagé sur le Pô, on aurait la certitude de pouvoir mettre
nos troupes en sûreté si la lutte tournait à notre désavantage. Il faudrait pour cela que la voie ferrée Mondovi-Car-
core-Acqui fût exclusivement consacrée à l'évacuation des
troupes venant des Alpes maritimes, et que la retraite des
troupes de la rivière du Ponant se fît par les routes ordinaires.

Les conditions où se trouveraient les troupes engagées
dans la vallée d'Aoste, dans l'hypothèse qui nous occupe,
seraient à peu près identiques. Pour elles aussi, il serait
d'un grand intérêt d'avoir un chemin de fer remontant la
vallée, chemin qui aurait également une importance offensive considérable.

Dans l'état actuel des choses, nous pensons qu'au moment
de la crise, les troupes de la vallée d'Aoste devraient se
replier en arrière du fort de Bard et s'y tenir prêtes à opérer
leur retraite dans le cas où la bataille sur le Pô viendrait à
être perdue, ou, dans le cas contraire, à reprendre l'offensive
pour regagner le terrain abandonné.

L'hypothèse où l'envahisseur tenterait de déboucher isolément par la vallée d'Aoste mérite à peine d'être mentionnée.

Si l'on suppose cependant que les troupes descendant par cette vallée réussissent à s'emparer d'un débouché dans la plaine avant les autres colonnes envahissantes, supposition qui, pour beaucoup de raisons, peut-être considérée comme peu fondée, l'impossibilité de déboucher d'Ivrée autrement qu'avec des forces relativement faibles nous porte à croire que l'adversaire ne s'aventurerait en aucun cas à les pousser en avant dans la plaine, si ce n'est simultanément avec les troupes débouchant des Alpes cottiennes. Dans ce cas, les forces ennemies débouchant d'Ivrée constitueraient sur le flanc du gros de l'armée italienne une menace sérieuse et qui pourrait exercer une influence capitale sur l'issue des opérations.

Le commandement suprême de l'armée italienne ne pourrait se dispenser de tenir compte de cette éventualité; mais les forces dont il disposerait le mettraient en mesure d'y faire face avec avantage, de telle sorte que le débouché simultané de l'ennemi d'Ivrée, d'Avigliana et de Pignerol ne pourrait, sauf dans certaines circonstances spéciales, être considéré comme un motif suffisant pour nous faire abandonner la lutte dans la haute vallée du Pô et nous obliger à nous replier sur la ligne Tessin-Stradella.

Il y aurait plus de danger pour nous dans un débouché simultané de l'ennemi opéré des Alpes cottiennes et des Alpes maritimes, par Avigliana, Pignerol et Borgo San Dalmazzo. Mais, en réunissant les forces de la réserve générale à celles assignées à ces deux échiquiers, la défense pourrait y faire face avec 230 ou 240.000 hommes, c'est-à-dire dans des conditions d'égalité ou d'une légère supériorité numérique sur l'ennemi.

La situation générale pourrait seule, dans ces conjonctures, décider s'il y aurait opportunité à livrer bataille, mais si la lutte dans l'intérieur de la zone alpine s'était assez prolongée pour nous permettre de faire entrer en ligne un certain nombre de divisions de milice mobile capables, par leur cohésion, d'agir en rase campagne, la proportion des forces serait modifiée à notre avantage et nous pourrions avec grandes chances de succès faire face à l'éventualité dont il s'agit.

La défense serait à peu près dans les mêmes conditions numériques dans le cas d'un débouché simultané par Borgo San Dalmazzo et par les Apennins ligures, pourvu que des débarquements successifs dans la rivière du Ponant n'eussent pas donné à l'envahisseur le moyen de jeter dans la balance le poids de sa supériorité numérique.

Dans ce dernier cas, les conditions où se trouverait l'armée italienne seraient de nature à lui conseiller la retraite sur la ligne Stradella-Tessin, sans s'exposer à une lutte qui, suivant toute probabilité, se résoudrait en une catastrophe. Et à ce propos, qu'il nous soit permis d'insister une dernière fois sur l'importance capitale qu'il y a pour nous à conserver à tout prix la possession de la ligne de faîte des Apennins ligures, seul moyen efficace de nous garantir contre un aussi grave danger.

Nous avons ainsi passé en revue non pas toutes, mais du moins les principales combinaisons qui pourraient se produire dans le cas où notre armée, ayant à défendre notre frontière occidentale, embrasserait dans le théâtre de ses opérations non-seulement les zones plates et ondulées de la haute vallée du Pô, mais encore la partie italienne de la ceinture alpine préalablement préparée pour la défense.

Résumons en peu de mots notre manière de concevoir la défense de la frontière occidentale de l'Italie.

Dans une guerre limitée entre l'Italie et la France, l'inégalité des forces des deux nations, ainsi que les conditions topographiques du pays qui s'étend entre la frontière et le Rhône nous ôtent toute chance de pouvoir pénétrer très-avant sur le territoire français et d'atteindre quelque objectif important, même après avoir remporté des victoires signalées dans la haute vallée du Pô.

Si au contraire le sort des armes nous est défavorable dans une lutte soutenue en deçà de la barrière alpine, le fait que l'envahisseur, maître des débouchés des Alpes, pourra s'établir dans la haute vallée du Pô avec des forces supérieures nous laissera bien peu de probabilités de le chasser de notre territoire.

Même s'il venait à se produire des complications politiques qui obligeassent notre adversaire à reporter ailleurs la majeure partie de ses forces, il pourra en fortifiant solidement les positions de débouché des Alpes, conserver contre l'Italie une attitude menaçante et paralyser nos efforts pour prendre l'offensive.

C'est pour cela que nous avons intérêt à maintenir autant que possible la lutte dans l'intérieur de la zone alpine, où notre infériorité numérique ne se fera pas sentir.

Il y a plus : en donnant à la population alpine une organisation territoriale complète, en donnant au terrain une préparation convenable, nous pourrons nous assurer sur l'ennemi des avantages tels qu'il nous sera possible d'imprimer à la lutte une direction contre-offensive et de nous maintenir victorieusement sur notre versant des Alpes et à cheval sur l'Apennin ligure.

Un tel résultat nous ferait échapper aux dangers auxquels nous exposerait une victoire probable de l'envahisseur dans les plaines du haut Pô, et nous maintiendrait en position de tirer parti des complications politiques qui pourraient

se produire par la suite, soit pour traiter avantageusement
de la paix, soit pour procéder dans des conditions relativement favorables à des opérations offensives au delà de la
frontière.

Pour montrer qu'en se tenant sur la défensive on peut,
dans l'état actuel de l'Europe, compter dans une certaine
mesure sur des complications politiques favorables, il suffit
de rappeler que deux des trois grandes guerres qui ont eu
lieu depuis vingt ans ont été arrêtées par l'attitude prise
en 1859 par la Prusse, en 1866 par la France. Et si en
1870-1871 aucune puissance n'est intervenue en faveur de
la France, la cause en est uniquement dans les fautes politiques qu'elle avait commises.

Si nous ne réussissons pas à maintenir la lutte dans l'intérieur de la zone montagneuse, une solide occupation de
cette zone nous permettra du moins d'opposer des obstacles
sérieux et peut-être insurmontables au débouché simultané
des différentes masses de l'envahisseur dans les plaines du
haut Pô; et nous pourrons ainsi porter la majeure partie de
nos forces contre une de ces masses, sans avoir à craindre
que notre position ne se transforme de position intérieure
en position enveloppée.

Une défense à outrance de la barrière alpine offrirait en
outre ce très-grand avantage qu'en retardant notablement
le moment des grandes opérations en rase campagne, elle
nous permettrait de compléter par des ouvrages de fortification passagère les camps retranchés qui devront servir de
pivot à nos opérations dans la défense intérieure de l'Italie.

La valeur de ces ouvrages provisoires nous est démontrée
non-seulement par de nombreux exemples empruntés à
des guerres déjà éloignées, mais même par les guerres
contemporaines de Crimée et d'Amérique et par celle qui se
poursuit aujourd'hui en Orient.

L'emploi éventuel de ce système de fortifications passagères, à la construction desquelles pourraient utilement concourir les milices territoriales des provinces les plus voisines, permettrait de réaliser d'importantes économies dans la construction des fortifications permanentes, économies qui compenseraient largement les dépenses que l'État aurait à faire pour organiser la barrière alpine et l'approprier à une efficace défensive contre-offensive.

FIN

TABLE DES MATIÈRES

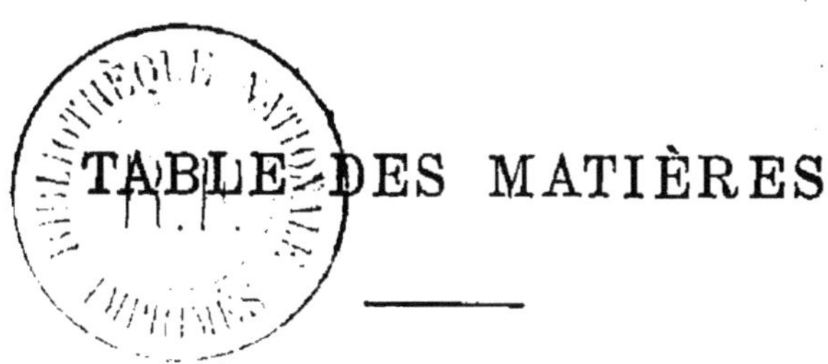

1008 — Paris. Imp. Laloux fils et Guillot, 7, rue des Canettes.

www.ingramcontent.com/pod-product-compliance
Ingram Content Group UK Ltd.
Pitfield, Milton Keynes, MK11 3LW, UK
UKHW022233120726
13694UKWH00002B/824